CHEERS

湛庐

与最聪明的人共同进化

HERE COMES EVERYBODY

CHEERS
湛庐

浪漫有对错

His Needs, Her Needs

[美] 威拉德·哈利
Willard F. Harley, Jr. 著

冷爱 译

浙江教育出版社·杭州

测一测 如何成为懂爱、会爱的人？

扫码加入书架
领取阅读激励

扫码获取
全部测试题及答案，
一起了解婚姻幸福的关键

1. 以下哪项是夫妻制定公平家务计划的第一步？（单选题）

   A. 明确所有家务和育儿任务

   B. 明确谁应该更多地承担责任

   C. 分配愿意共同完成的任务

   D. 删除那些都不愿意做的任务

2. 如果你想要在伴侣心中不断积累正面的情感，需要怎么做？（单选题）

   A. 用物质弥补陪伴的不足

   B. 尽可能地满足对方的情感需求

   C. 避免任何可能导致对方不快的互动

   D. 只在嘴上说"我爱你"，没有实际行动

3. 夫妻间应倡导"彻底诚实策略"，这个策略包括哪四个部分？（单选题）

   A. 情绪诚实、过往诚实、当前诚实、未来诚实

   B. 财务透明、社交透明、工作透明、家庭透明

   C. 个人隐私、共同决策、开放沟通、未来规划

   D. 情感支持、经济共享、社交互动、生活同步

扫描左侧二维码查看本书更多测试题

译者序

好的亲密关系，都是"双向存款"

作为一名心理咨询师，在过去的关系心理学理论体系下的个案工作中，我见证了无数亲密关系的悲欢离合。这些个案对象在回忆自己在关系中的体验时，常常带着深深的困惑和痛苦：他们感到自己被忽视、被误解，甚至被伤害。然而，最让我感到遗憾的是，许多人陷入了"受害者"的角色。他们渴望改变，却不知道从何入手。

威拉德·哈利博士根据数十年的婚姻咨询工作经验，指出了一个真相：**在濒临破裂的亲密关系中，爱从未凭空消失，只是"情感账户"被透支太久。**他告诉每一对前来咨询的伴侣：只要你们愿意学会"存款"，就有机会在关系中重拾温柔与亲密，建立更深的联结与默契。

亲密关系的"情感账户"：存款与取款的平衡

想象一下，每个人的心中都有一个"情感账户"。每一次微笑、每一次拥抱、每一次倾听，都是在为情感账户"存款"；而每一次争吵、每一次冷漠、每一次忽视，都是在"取款"。当与伴侣的情感账户的余额充足时，浪漫之爱会自然而然地涌现；而当余额透支时，亲密关系就会陷入危机。

在我的个案工作中，我常常看到夫妻因为忽视了情感的积累而陷入危机。他们以为爱情会自然而然地持续下去，他们会像童话故事中的公主和王子一样，从此过上幸福快乐的生活，却不知道爱情需要持续地投入和经营。正如银行账户需要定期存款才能保持健康，亲密关系也需要通过满足彼此的情感需求来维持平衡。

男女情感的"频率差异"：如何找到共鸣

哈利博士在书中指出，男女在情感需求上存在显著的"频率差异"。女性往往更注重爱与关怀、亲密对话、开诚布公等情感需求，而男性则更看重性满足、休闲陪伴、身体吸引等需求。

想象一下，男性和女性就像两台收音机，女性可能一直在发射"爱与关怀"的信号，而男性却在接收"性满足"的频率。两人明明都在发射爱的信号，却因调频不同而错失共鸣——女性渴望关怀与对话，男性看重吸引与陪伴，唯有找到对方的核心需求，才能听到真正的"情感频道"。

然而，找到对方的情感频道并不是一件容易的事。它需要深入的探索和思考：什么是对方真正的情感需求？哈利博士通过详细的情感需求分类和调查问卷，帮助夫妻识别彼此的核心需求。这种探索不是停留于表面的了解，而是深入到对方内心的真实渴望。正如调频收音机需要精准地调整才能接收到清晰的信号，亲密关系也需要通过细致的沟通和理解来找到彼此的情感频道。

习得性关联：爱情是可以培养的

哈利博士的理论背后有着坚实的心理学基础，尤其是习得性关联

(learned association）的概念。习得性关联是行为主义心理学的核心理论之一，强调通过学习过程，在不同的刺激或行为之间建立关联。在亲密关系中，浪漫之爱的感觉并不是一种神秘的情感，而是一种可以通过行为培养的习得性关联。

经营爱情就像种植一棵树，需要持续地浇灌和呵护。每一次满足对方的情感需求，都是在为这棵爱情之树施肥；而每一次忽视或伤害，都是在剥夺它的养分。爱情不是玄学，而是科学。浪漫之爱是可以通过行为"习得"的，哈利博士鼓励夫妻执行"全心全意的关注策略"，每周至少花 15 小时专注于满足彼此的亲密情感需求，这种定期的"情感浇灌"便是滋养亲密关系的阳光雨露。

从"水火不容"到"难以抗拒"：重建亲密关系的路径

哈利博士在书中还提出了一个重要的观点：情感账户被透支并不可怕，可怕的是放弃了存款的决心。即使夫妻关系已经陷入"水火不容"的境地，依然可以通过满足彼此的情感需求来重建亲密关系。他通过"情感银行"理论，帮助夫妻理解如何通过向情感账户存款来修复受损的关系。当夫妻双方都愿意为对方的情感需求付出努力时，关系中的负面情绪会逐渐被积极的情感所取代，最终从"水火不容"走向"难以抗拒"。

亲密关系的持久之道

亲密关系并不是一场随机的冒险，而是一段需要精心规划的旅程。无论社会如何变化，人们对情感的需求始终是核心命题。这本书不仅适合那些正在经历关系危机的伴侣，还适合所有希望在亲密关系中保持长久爱情的人。

它提醒我们，童话的结局只是开始，真正的挑战在于让"幸福快乐的生活"不止存在于幻想中。手持哈利博士提供的这张"情感地图"，我们就能在这个充满变化的世界中，穿越迷途，共赴浪漫终点。

前言

任何时候都需要浪漫之爱

1978 年，我受邀开设一门婚姻咨询课程，主题是"如何才能维持幸福的婚姻"，为期 13 周，邀请我的教育主任帮助我把课程录了下来。

在随后的几年里，我在婚姻咨询中实践了课程中提出的建议。有一对夫妻自愿协助我把课程的录音整理成文字，做成转录稿以便传播。1984 年，弗莱明·H. 雷维尔出版公司（Fleming H. Revell Publishing Company）的一名员工拿到了这份粗糙的转录稿，把它交给了编辑。接下来，奇迹发生了。1986 年，本书出版了。

在初版发行的两年内，这本书迅速成为畅销书。直到现在，它仍然是广受欢迎的婚姻书籍之一，被翻译成 22 种不同的语言，全球销量超过 400 万册。

出版其实是整个环节中最简单的事，一切似乎轻而易举、自然而然。真正困难的部分是找到经营幸福婚姻的答案，这也是 13 周婚姻咨询课程的主题。

学习婚姻成功的秘诀

我 19 岁的时候,一位已婚的大学同学告诉我他的婚姻出现了问题,并向我寻求建议。显然我给出的建议并没有帮到他,他的婚姻最终以离婚告终,这让我开始思考:我的建议错在哪里?为什么有些人的婚姻成功了,而其他人的却走向失败?

19 岁的我当时还没有意识到大学同学的婚姻失败是历史趋势的一部分。我对那些挑战传统婚姻的全新文化简直一无所知。在此之前,婚姻咨询师的工作相对容易,因为人们从根本上来说不想离婚。无论多不快乐,他们都不想离婚。但是现在,人们对空虚的婚姻毫无忍耐力。所以,如果要挽救一段婚姻,咨询师就必须知道怎样的婚姻才能充实人们的生活。19 岁的我显然没有发现这个答案。

在接下来的几年里,特别是在我拿到心理学博士学位之后,很多夫妻向我寻求关于婚姻维护的建议。但是,我也没法给出更多的帮助。

我还惊讶地发现,美国的大多数婚姻咨询实际上都收效甚微。实际生活中很难找到愿意承认失败的人,但案例告诉我们,几乎没有证据支持接受婚姻咨询专家的建议比不接受好。许多"专家"甚至不知道如何挽救自己的婚姻。在我实习期间,诊所主任离婚了。许多其他"专家"也都离过婚,有些人甚至离过好几次。

那个时候,婚姻咨询的成功率是所有形式的心理咨询中最低的。一项 1965 年的研究显示,只有不到 25% 的受访者觉得婚姻咨询对他们有所帮助,而更高比例的人甚至觉得咨询弊大于利。看起来,婚姻咨询使夫妻离婚的可能性变大了。

1975 年，我终于意识到为什么我和其他咨询师都无法挽救婚姻，因为实际上我们根本不理解婚姻成功的原因。我们都专注于婚姻失败的原因而忽视了帮助它成功的因素。许多婚姻咨询师，包括我自己在内，都认为婚姻失败的原因是缺乏沟通和解决问题的技巧，所以我的目标一直是教这些夫妻如何停止争吵、有效沟通，解决冲突。

但是，当我问这些矛盾重重的夫妻为什么会步入婚姻时，他们回答是因为彼此相爱。然而随着时间的流逝，他们的爱意逐渐消失，甚至开始仇恨对方。很显然，没有人是因为擅长沟通和解决矛盾而结婚的。

当我问人们如何才能再次快乐地步入婚姻殿堂时，大多数人都无法想象那种情况会再次发生。但我仍然坚持不懈，只有人们开始反思这个问题时才会意识到他们需要的是再次坠入爱河。

在此基础上，我开始将致力解决的问题从理性问题转向情绪问题，主要目标从解决冲突转变为恢复伴侣之间的浪漫之爱。我认为，如果我能帮助夫妻重燃浪漫爱火，那么冲突就没有什么大不了的。

心理学的专业知识告诉我，人类的大多数情绪反应是由习得性关联触发的。当某件事情总是与某种情绪伴随出现时，该事件就会触发这种情绪。例如，如果蓝色总是和电击一起出现，红色总是和舒适的背部按摩一起出现，最终蓝色可能会让你烦躁，而红色则会让你放松。

将同样的原理应用到爱情上，我认为浪漫之爱也不过是一种习得性关联。如果有人做的事情或者这个人本身让我感觉很不错，那么这个人的存在可能足够触发一种好的感觉。如果一个人让我感觉特别好，那么这种关联可能也会让我感觉特别好，这就是我们所熟知的爱情的感觉。

当然，并非每一对夫妻都真的知道什么会让他们快乐，也并非每个人都愿意尝试这样去做。随着不断改进方法，我逐渐意识到人们需要对方做什么能触发爱情的感觉。我帮助夫妻识别对方的需求，也鼓励他们满足对方的需求，哪怕他们开始时并不想这么做。我的方法帮助了几乎每一对来咨询的夫妻重燃爱火、挽救婚姻。

还有很多读者表示，通过阅读并且实践本书的建议，他们找回了对另一半的爱，也挽救了婚姻。这是因为这本书直接命中了婚姻成功的关键：创造并维持浪漫之爱。

浪漫之爱是一种试金石，能看出夫妻间是否存在关爱。如果你们相爱，那么你们相互的关爱就是确切存在的。本书将教你如何以一种能够维持浪漫之爱的方式去关爱对方，帮助婚姻变得更充实、更有安全感。

序言

维持爱情的重要因素

婚姻是什么？政治家、神学家、哲学家、法官、科学家和治疗师……不同的人对此有完全不同的看法。直至今日，还有许多人并不完全明白婚姻的含义，你可能也是其中之一。然而，要建立幸福的婚姻，我们首先应该弄清楚婚姻是什么，对吗？

以下是我给出的婚姻的定义，我认为你不会对它有所质疑。它包括了几乎所有人在结婚时期望给予和获得的一切。

> **婚姻是一种极致的彼此关爱。**

我发现，在婚礼当天，夫妻间的彼此关爱到达极致，如果这种关爱可以贯穿日后生活的每一天，婚姻就会非常充实。这种充实感会很长久，夫妻也会持久地吸引彼此，这就是浪漫之爱。我写的所有书都在教夫妻如何为彼此提供极致的关爱，夫妻做到这一点时，婚姻就能满足他们的所有期待。

这种关爱有三种不同的表现形式：情感关爱、互相保护和伙伴关系。

- 情感关爱：通过满足彼此最重要的情感需求给对方带来快乐。
- 互相保护：消除"爱情杀手"的坏习惯，避免给对方带来痛苦。
- 伙伴关系：婚姻中的任何决策都要能同时造福两人，而不仅仅是其中一人。

虽然这三种关爱形式都很重要，但是最重要的还是第一种。这本书的目的就是教你如何提供情感关爱。你和另一半将通过本书发现并学会满足彼此最重要的情感需求。

刚步入婚姻时，你们通常认为情感需求会自然而然地得到满足。但由于各种原因，你们可能会感到失望，甚至会怀疑自己为什么要结婚。无知通常是导致婚姻失败的重要原因。男性和女性在理解对方情感需求的重要性方面存在着巨大的差异。男性倾向于满足他们自己重视的需求，女性也是如此。然而，通常男女双方所认为的最重要的情感需求非常不同。如果一方总是在满足另一方次要的情感需求，双方都会变得很沮丧。夫妻双方都努力关爱对方，但是却并没有得到对方的感激。随着时间的推移，当他们的努力似乎没有达成任何效果时，许多人干脆就彻底放弃了。

夫妻双方应该满足彼此最重要的情感需求，理由有二。

第一个理由是，双方已经达成满足彼此情感需求的排他性承诺。这样的承诺是婚姻关系得以建立的基础，是维持终身关系的必要因素，是安全且永久的。当承诺没有兑现时，另一半会感到困惑和失望，感到不公平。夫妻互相赋予了满足对方情感需求的排他性权利，这是独一无二的。难道他们必须在失望中度过一生吗？当彼此承诺成为唯一为对方提供关爱的人的时候，这种承诺应该得到尊重。

第二个理由是，当互相满足最重要的情感需求时，你们就会为彼此创造并维持浪漫之爱。浪漫之爱是充实婚姻的必需品。希望你们一辈子都可以感受到浪漫之爱。

浪漫之爱是婚姻的必需品

坠入爱河的感觉无与伦比。这种非凡的情绪体验推动人们进入婚姻。但一旦结婚，人们在几年内就会失去这种感觉。这是因为他们不了解这种非凡情绪体验的触发机制。结婚后，由于无知，他们不自觉地破坏了触发机制。

保持相爱是否重要？当然！我从未见过任何一对彼此相爱的人离婚，一对都没有。浪漫之爱是维持婚姻安全最重要的因素。

然而，有人认为浪漫之爱的消失是必然会发生的。当这种情况发生时，他们鼓励夫妻转向所谓"更成熟的婚姻相处方式"，即使这种相处方式没有爱。然而，失去浪漫之爱的婚姻最终的结果只能是离婚或者永久分居。

在结婚前，爱意通常被认为是做出承诺的必要条件。你的家人和朋友可能会问你："你爱对方吗？"如果是，那么就按照你的想法去做吧。在他们看来，彼此相爱意味着你找到了对的人。如果你并不爱对方，他们也会劝你不要结婚。

婚前辅导需要提醒新婚夫妻浪漫之爱终将消失吗？他们需要准备面对几年之后的无爱婚姻吗？不。如果这样做婚前辅导，那无疑是鼓励大家不要结婚，因为没有人愿意期待无爱的婚姻。

如何坠入爱河并保持爱意

相爱是如此容易，以至于人们会产生错觉，认为保持爱意也一样简单。恋爱期间迅速燃烧的爱火让人们根本来不及关注双方是如何坠入爱河的，因此，不难理解，人们也不知道如何保持爱意，更不知道如何在失去爱情之后重新找回对彼此的浪漫之爱。我曾经也不知道答案。我在恋爱期间并不知道我现在的妻子乔伊丝当时做了什么让我产生了爱的感觉。我花了相当多的时间研究才终于弄明白。

保持爱意最重要的部分是成为彼此最大的快乐来源，即满足彼此最重要的情感需求，也就是情感关爱，这是我提到的极致关爱的第一部分。在接下来的章节中，你将学习如何做到这一点。

保持爱意的另一个重要部分是如何保护对方免受自己的伤害，即互相保护。婚姻给了人们伤害另一半的特殊权力，你甚至比任何其他人更容易伤害对方。你们可能成为彼此最大的痛苦来源。但如果你们只知道如何让对方快乐，却不知道如何帮助对方避免痛苦，还是无法保持爱意。

你可能认为创造快乐、避免痛苦涵盖了浪漫之爱的所有方面，但是还有一点需要注意，那就是解决冲突。每对夫妻在婚姻中都会面临冲突。我和乔伊丝几乎每小时都会发生冲突。解决冲突的方式也与给另一半提供的极致关爱密切相关。如果你们关心对方，就应该学会以正确的方式，也就是让双方都对结果感到满意的方式解决冲突。如果你们用错误的方式解决冲突，不能创造共赢，就只会更加憎恨对方。所以我写了本书的姐妹篇，专门讨论这种极致关爱的表现形式，即伙伴关系：《爱情没输赢》。这本书旨在帮助夫妻以极致关爱的方式解决冲突。

你和一个与你截然不同的人结了婚。你们之间的差异可能是巨大的优势。就好像两个人背靠背站着，朝不同的方向看，你看到的是大海，而另一个人看到的是山脉。如果你们尊重彼此的观点并且相互学习，就能更充分地理解面临的问题，更好地解决它。但如果你认为自己的观点是正确的，而另一半的观点是错误的，你将错过许多，也很难解决冲突。

你们通过尊重彼此的意见和观点来展示彼此的极致关爱。这种相互尊重可以帮助你们做出更明智的决定，因为它反映了你们的共同智慧，而不仅仅是个人的努力。

相互尊重还带来了另一个好处，它创造了合作式的夫妻关系，帮助你们在做决定时团结一致。你们不是只做对某一个人有利的选择，而是通过相互关爱，激励对方也从中受益。这会带来双赢。

我在这两本书中还编写了很多问卷，指导你们完成两本书的练习。

希望你能和另一半一起阅读这两本书、完成问卷并回答每章末尾的问题。你们可以在阅读时使用不同颜色的荧光笔标记，这样就可以让对方知道对你们来说最重要的是什么。请把书放在触手可及的地方，方便你们时常复习。

你可能认为所有这些都太复杂太麻烦，难以理解和实操。但我可以告诉你，无论是我个人还是我辅导过的成千上万对夫妻，只要保持对彼此的爱，就能够轻而易举地执行以上这些要求。当然，恢复彼此的爱意可能需要花时间阅读、学习和实践。但当成功找回彼此间的爱之后，你们会获得充实的婚姻，而维持这样的婚姻并不困难。婚姻原本就是给对方极致关爱，这就是大多数夫妻在婚礼上说出"我愿意"时的期待。

目录

译者序　好的亲密关系，都是"双向存款"
前　言　任何时候都需要浪漫之爱
序　言　维持爱情的重要因素

第一部分　浪漫之爱的真谛

第 1 章　**情感银行：情感账户的奥秘** /003
初体验：每一次互动都是存取款　/004
累积和增值：约翰和玛丽的爱情故事　/005
新的挑战：当生活和需求发生变化　/008
危机和减值：陷入负反馈的恶性循环　/009

第 2 章　**看见彼此：他的需求与她的期望** /011
情感量表：浪漫之爱的定义和测量　/012
分类和排序：深入了解自己和对方的需求　/015
男女的不同世界：需求差异的惊人发现　/016
一个基本规则：全心全意的关注策略　/019
个性化评估：制定有效可行的策略　/020
3 个基本因素：质量、数量和互惠　/021

第二部分　浪漫之爱的 10 大支柱

第 3 章　爱与关怀：亲密关系的核心　/025

爱的语言：表达"我爱你"的一千种方式　/026
"我不是那种喜欢表达的人"：索取而不给予　/027
亲密度清单：分清"需要"和"不要"　/028
刻意练习：让关怀成为一种习惯　/032
立场互换：当爱与关怀成为他的情感需求　/033
情感先行：让性成为情感联结的自然延伸　/033

思考和探索　/035

第 4 章　亲密对话：保持沟通的艺术　/036

当需求不对等："为什么他不和我聊天？"　/037
学会倾听和表达：让聊天变得亲密无间　/038
4 大要素：通过特定话题和方式显露关心　/038
4 大破坏者：不安全、不愉快对话的原因　/043
细水长流：每天留出时间进行亲密对话　/048
实践技巧：情感沟通的 8 个小贴士　/048

思考和探索　/050

第 5 章　性满足：爱的深层交流　/051

性别差异：性驱动力、性意识、性动机　/052
性体验的 5 个阶段：从欲望到满足的过程　/055
常见的性问题：性厌恶和性比较　/062
性欲解码：性犹豫背后的原因和应对方法　/065
黄金法则：以自己希望被对待的方式对待他人　/066

思考和探索　/067

第 6 章　**休闲陪伴：共享生活的乐趣**　/068

　　很多人不知道：共同的娱乐活动有多重要　/070
　　渐行渐远：陪伴缺失的结果与外遇的风险　/072
　　在一起：珍惜共度时光才能共赴一生　/073
　　找到共同兴趣：休闲娱乐清单测试　/074
　　从共处到共鸣，成为彼此的最佳伴侣　/075
　　尝试新事物，获得长期收益　/077
　　选择合适的娱乐活动，全然关注彼此　/079
　　思考和探索　/081

第 7 章　**开诚布公：安全感和信任的基石**　/082

　　坦诚沟通的力量：消除误解与隔阂的钥匙　/084
　　相互坦诚的程度：袒露越彻底，理解越深入　/086
　　测一测：你是否鼓励开诚布公　/092
　　危机出现时开诚布公的作用　/094
　　思考和探索　/096

第 8 章　**外表吸引：爱的感官盛宴**　/097

　　外表吸引与其他：伴侣的双向满足　/098
　　个体偏好不同，对吸引力的感受不同　/099
　　爱的视觉维护和保鲜：增强外表吸引的方法　/100
　　珍视并发挥自己所拥有的价值　/104
　　思考和探索　/105

第 9 章　**经济支持：共筑幸福的基础**　/106

　　对经济支持的不同需求和期望　/107
　　家庭与职业：财务和责任的平衡和对抗　/108

　　　　预算的智慧：实现家庭生活的和谐　/109
　　　　收入不足时如何应对并解决困难　/111
　　　　少即是多：一个激进的低成本高满足提案　/112
　　　　思考和探索　/116

第 10 章　家务支持：分担责任，共享温馨　/117
　　　　幻想和现实：家务分配对家庭幸福的影响　/118
　　　　双职工家庭的困境：家务劳动分配不均　/121
　　　　公平计划：8 个步骤实现家庭内的平等合作　/122
　　　　思考和探索　/130

第 11 章　家庭投入：携手走过每个阶段　/131
　　　　家庭责任：参与关注孩子的成长　/132
　　　　时间投资：高质量陪伴的意义和价值　/133
　　　　育儿训练：养育孩子的原则和技巧　/136
　　　　需求平衡：找到爱情和育儿之间的平衡点　/141
　　　　思考和探索　/143

第 12 章　赞赏感恩：爱的正能量循环　/144
　　　　赞赏和感恩：情感需求是否得到满足的指标　/145
　　　　批评和提诉求：表达问题而非发起战争　/147
　　　　积极改变的计划：3 个步骤从批评到感恩　/148
　　　　调整和适应：让爱在沟通互动中流淌　/156
　　　　思考和探索　/158

第三部分　浪漫之爱的维系与重建

第 13 章　保护情感银行：抵御外部威胁　/161
谁对出轨或外遇负责　/162
7 项预防措施守卫爱的堡垒　/163

第 14 章　度过外遇风波：恢复和重建生活　/170
从变心到出轨：外遇实录和真相　/170
困难的路径：应对挑战和坎坷　/178
长久的关键：正视和满足情感需求　/185

第 15 章　让爱永存：他需她要的永恒篇章　/187
治愈情感破裂的良方　/189
成为互相喜欢的伴侣　/190
去发现和拥有持续的幸福　/192

附录 A　10 大情感需求　/195
附录 B　情感需求问卷　/201
附录 C　休闲娱乐清单　/213
附录 D　经济预算清单　/219

第一部分
浪漫之爱的真谛

爱情不仅仅是心动的感觉，更是在对方身上持续投入的爱意与关怀。

第 1 章

情感银行：情感账户的奥秘

遗憾的是，大多数人在说出"我愿意"的时候，并未真正了解这句话将要带给自己的是什么。我们常常有一种迷思，认为幸福的婚姻取决于遇见对的人。如果一段婚姻最终破裂，我们会说这是因为两个"错的人"在一起了。虽然两个"错的人"也可能携手步入婚姻，但实际上这种情况非常罕见。对方是不是"对的人"更可能取决于双方如何在情感上互相关爱，而并非难以捉摸的所谓适配性。如果双方都做一些让另一半感到快乐的事，婚姻自然会充实美满，人们也很难产生离婚的念头。

听起来很简单，不是吗？你可能会觉得太简单了。你还可能认为，持续让对方快乐是不可能完成的任务，伤害对方在所难免。没错，婚姻的道路上难免会出现一些障碍。在极少数情况下，你还可能面临一些波折。但实际上，数百万对夫妻都成功地做到了让另一半快乐并且避免了伤害，他们得到了自己想要的婚姻。为达成这一目标，你需要掌握一些现在尚不具备的技能。

那么，如果你有改善婚姻的意愿，但是缺乏改善婚姻的能力，该怎么办呢？没问题，因为这样的能力是可以习得的，而且从任何时候开始学习都不晚。因此，我相信，那些因情感忽视而受到重创的婚姻之舟并不需要被彻底放弃、沉入海底。它们可以被拖进船坞修理和改装。一旦升级完成，它们将比以前的任何时候航行得更远更快。

在开始修船之前，我先介绍一下"情感银行"的概念，帮助大家更好地理解如何让对方开心，也避免让对方不开心。

初体验：每一次互动都是存取款

我认为每个人的心中都有一家情感银行，情感银行里有许多不同的账户，每个认识的人都有一个账户。每当我们与他人互动时，都是在相应的账户中存款或取款。愉快的互动意味着往账户中存款，不愉快的互动则相当于从账户中取款。我用"爱意金币"来定量描述情感银行中每次的存取款。

如果我遇到一个朋友，他叫吉姆，我对这次见面感觉很舒适，那么他在我这里的情感账户中就会存入 1～2 个爱意金币。如果交流让我感觉很棒，吉姆的账户可能会存入 5 个爱意金币。如果我感觉非常棒，那么吉姆可能存入了 10～15 个爱意金币。当他让我感觉棒极了，这次存款恐怕会超出 20 个爱意金币。又假设我与简在一起时感到不舒服，每次遇到简，她在我这里的情感账户会被扣掉 1～2 个爱意金币。如果她让我感觉不好，账户就会被扣掉 5 个爱意金币。如果会面非常糟糕，可能就会扣掉 10 个爱意金币。如果我认为和简的相遇是我人生中最糟糕的经历之一，那她的账户至少会被扣掉 20 个爱意金币。

随着时间的流逝，情感银行中的账户余额会发生变化。有些人的账户内积累了可观的存款，还有一些人的账户虽然仍有余额，但数额较小，因为他们虽然频繁存款，也会频繁取款。第三种人在我这里的账户余额总是负数，这意味着他们与我在一起时带给我的不适感远大于舒适感，他们在我的情感银行中透支了。

情感银行的概念主要是为了解释这样一个事实，那就是人们几乎在每一次交流中都会互相影响情绪。不断累积的正面反馈或者负面反馈决定了人们对其他人的情绪反应。当然，你并不会主动地感知到这些。你并不会主动地对自己说："哇，他这次存了 3 个爱意金币！"或者，"他取走了 4 个爱意金币。"然而，情感账户余额的不断变动是在实际发生的。

累积和增值：约翰和玛丽的爱情故事

在一段婚姻中，丈夫和妻子各自心中都有情感银行。下面我们用约翰和玛丽的故事来解释一下在婚姻关系中情感银行是如何运作的。

当约翰第一眼见到玛丽时，他立即产生了一种特别的感觉。玛丽聪明、美丽、有魅力，充满活力。约翰立刻在她的账户中存入了 10 个爱意金币。一两天后，约翰打电话给玛丽，邀请她出去约会。玛丽接受了邀请。当约翰挂断电话时，又在玛丽的账户中存入了 10 个爱意金币。在约会中，他们玩得非常开心。约翰认为这是他生活中最美好的体验之一，他又在玛丽的账户中存入了 20 个爱意金币。第二次约会几乎同样美好，玛丽又得到了 15 个爱意金币，这时，她的账户已经积累了 55 个爱意金币。

但是，那之后约翰打电话时，玛丽却拒绝了他的邀约。玛丽说她真的很抱歉,她早在几周前就安排了其他事情。她马上又说,如果约翰有兴趣的话,她第二天晚上有空。约翰对此也感觉不错,并安排在晚上8点左右去接玛丽出去吃晚餐。

这次略微负面的经历会导致玛丽的账户余额发生什么变化呢?约翰思考着:"她对今晚不能和我出去明确表示了抱歉,我也不能期待她随时都有空。不过她提议我们明晚出去,我相信她真的喜欢我。"无论约翰如何安慰自己,这次经历还是让他感到稍微有些不舒服。在约翰的情感银行中,玛丽被扣掉了5个爱意金币。

在接下来的几个月中,约翰和玛丽经常定期约会,美好和难忘的体验远多于偶尔的负面体验,玛丽在约翰的情感银行的账户余额很快就达到了500个爱意金币。不过这并没有超过约翰的旧情人萨拉,虽然他们在一年多前就分手了,但是萨拉曾在约翰的情感银行中累积过更多爱意金币。

6个月后,玛丽在约翰心中情感银行的账户余额增至1 000个爱意金币,这是约翰生命中遇到的女性的最高纪录,甚至远超萨拉的纪录。此时,约翰产生了从未有过的感觉。他深深地爱上了玛丽,并告诉她,她是自己遇见过的最有吸引力、最聪明、最敏感、最迷人、最让人愉快的女人。

在约翰的情感银行中,玛丽的账户余额已经突破了浪漫之爱的阈值。当某人的账户余额超过一定数目时,会触发浪漫的爱情感觉。约翰把玛丽和许多正面的甚至是极其美好的情感体验联系在一起,消极的体验却寥寥无几。他期待每一次和玛丽的约会。他们分开的时候,他总是情不自禁想起她。约翰开始想,如果失去玛丽,他该怎么办。他无法想象自己的余生中没有玛丽会是什么样子。约翰告诉自己:"有玛丽在我身边,我就不需要任何其他人或东西来让我快乐。"他的脑海中开始浮现出清晰的婚姻愿景。

与此同时，在玛丽的情感银行中，约翰的账户余额也在稳步增长，但是增长的速度并没有那么快。他们相遇时，玛丽觉得约翰很有吸引力，初次约会感觉也很不错。他在玛丽的情感银行中的账户余额明显是正数，大约有250个爱意金币，但还没有突破浪漫之爱的阈值，所以她喜欢他，但还没有爱上他。

尽管后来在约翰的情感银行中，玛丽的账户余额继续增长，超过了1 200个爱意金币，但是在玛丽的情感银行中，约翰的账户余额却变得岌岌可危。他开始批评玛丽做事的方式，这导致了取款。他对玛丽的过度关注让她感到不舒服甚至有点害怕，这又导致了取款。所以，玛丽突然告诉约翰她需要一些喘息的空间。她建议他们暂停约会一个月。玛丽想，或许那段时间她也可以和其他人约会。约翰心如刀绞，他从未如此痛苦，玛丽的账户迅速被扣掉20个爱意金币。几天后，约翰打电话给玛丽，试图说服她改变主意，但她坚决不同意。接下来的一周里，约翰又打了好几次电话，玛丽坚决不妥协，约翰只好给她一个月的时间独处，玛丽的账户瞬间又被扣掉了100个爱意金币。

在接下来的一个月里，约翰非常痛苦。他仍然深深地爱着玛丽，尽管玛丽的账户余额有所下降，但还是很高，超过了1 000个爱意金币。约翰试图和吉尔约会，但因为对玛丽过于痴迷，和吉尔约会只会让他更想念玛丽。

一个月后，约翰给玛丽打电话。玛丽的账户余额仍然超过1 000个爱意金币，因为没有其他导致情感账户余额下降的事情发生。玛丽告诉他，她也想念他，并接受了他的邀请，准备在第二天晚上再次约会。约翰感到非常高兴。玛丽说，她只是需要时间来想清楚。

分离后的第一次约会非常难忘，后续的约会似乎比以往任何时候都要好。到年底时，玛丽在约翰的情感银行中的账户余额已经增加到了2 000个爱意金币。同时，约翰在玛丽的情感银行中的账户余额也在稳步增长，也突破了浪漫之爱的阈值，达到了一个新的高点——1 100个爱意金币。玛丽也开始憧憬婚礼。一天晚上，他们在最喜欢的餐厅用餐后，约翰求婚了。他告诉玛丽，他想为她的幸福而努力，他承诺婚后会尽自己所能让她幸福，永远不会伤害她。玛丽接受了他的求婚，双方结为夫妻。

新的挑战：当生活和需求发生变化

婚姻的第一年极其幸福。尽管没花太多功夫，但约翰和玛丽可以很好地满足彼此的情感需求。约翰仍然像他们恋爱时那样，对玛丽投入足够的关注和爱意。玛丽在做爱时热情地回应约翰。他们花大量的时间在一起，彼此交流分享他们的希望和梦想。为了能和约翰一起参与他最喜欢的休闲活动，玛丽开始上网球课。

约翰是计算机分析师，收入很不错。玛丽在一家抵押贷款公司担任办公室经理。目前他们都对自己的工作安排感到满意。

在婚姻生活的第一年，他们的情感银行发生了什么变化呢？双方的余额仍在增加，但增速并没有像婚前那样快。婚前的约会都是特意安排的，完全为了彼此的情绪体验，但现在他们开始关注其他的优先事项：职业、即将出生的孩子、住房、朋友和亲戚等。这些事情让他们在一起的时候无法完全把注意力集中在对方身上，约会时也难免收到来自其他人的信息。

尽管在约翰的情感银行中，玛丽的存款增速开始减慢，但账户余额仍在增加。在婚姻的第一年结束时，她的余额净增长是100个爱意金币，这使得她的账户总余额增加到了 2 100 个爱意金币。在玛丽的情感银行中，约翰账户的增长幅度也差不多，余额增加到了 1 200 个爱意金币。在接下来的 4 年里，他们的情感银行的账户余额继续增加着，尽管增长速度都有所放缓。在他们结婚 5 周年的时候，约翰仍然疯狂地爱着玛丽，玛丽对他也有着同样的感觉。他们决定要一个孩子，于是蒂芬妮在他们结婚的第 6 年出生了。

在第 6 年中，关键的变化开始发生。玛丽仍然是约翰生活中的欢乐源泉，但他注意到自己的"低落时期"增加了。虽然约翰非常爱蒂芬妮，但孩子的出生还是给约翰和玛丽带来了新的需求，并分走了他们曾经只属于彼此的那份关注。所有这些常见的变化导致玛丽的账户余额在一年内减少了 100 个爱意金币。损失还不算太严重，至少现在还不是。玛丽的账户余额仍然高达 2 000 个爱意金币，约翰还深深地爱着她。

蒂芬妮两岁生日的时候，玛丽开始变得焦躁。她想要提升自己的事业。她找到约翰，看看他是否能支持她回到大学取得学士学位，并在可能的情况下继续攻读工商管理硕士学位。"我需要上 6 年课，"玛丽解释说，"我会辞掉兼职工作，这样就可以在白天全力照顾宝宝，晚上上课。"约翰积极地回应了她的想法并且表示同意。他的收入稳定且可观，即使没有玛丽的工资也可以承担家庭的开支。当玛丽在学校上学或者偶尔需要时间完成作业的时候，他也可以照顾蒂芬妮。

危机和减值：陷入负反馈的恶性循环

玛丽开始上课，成绩很好。但是好成绩的代价是大量的注意力和时间。最让约翰感到不舒服的是，玛丽似乎很少有心情做爱。约翰理解她的困境。

学校占用了她大量的精力，剩下的时间精力都用来做家务和照顾蒂芬妮。到睡觉的时候，玛丽感到筋疲力尽，约翰不想让她在这种情况下还有做爱的压力。约翰尽可能地适应这种情况，当他发现玛丽有心情时，会短暂快速地和她亲热一下。但他也怀念过去的时光，以及他们通常安排在星期六早上的网球比赛。现在，玛丽很少和他在一起，也很少在星期六打网球。她在周末做家务，为星期一的课堂作业赶进度。

在接下来的两年中，约翰和玛丽继续保持这种相处模式。在约翰的情感银行中，玛丽的账户余额稳定缓慢地下降。约翰开始想知道和他结婚的女人发生了什么。她似乎沉迷在书本中，也不想和约翰讨论她正在学习的内容。"这些都是你几年前就学过的东西，"玛丽告诉他，"而且，你是数学专家，但我并没有学那么多。"

注意，约翰的账户余额保持着稳定，因为约翰正在配合玛丽满足她生活中一个非常特别的需求：完成她的学业。玛丽意识到他们没能在一起度过很多时间，但她深深地欣赏约翰的付出和他对家庭的投入。玛丽告诉自己，只要拿到学位，一切都会变得更好。所以她全身心地投入到学业中，完全忽略了丈夫的感受。但她确实注意到，在他们相处的时候，约翰有一些变化。他变得不那么亲昵，也没那么健谈。他几乎从不坐下来和她聊天，似乎只有想做爱的时候才对她表现出很大的兴趣。因为做爱的节奏很快并且以他为中心，玛丽觉得自己只是被利用而不是被爱。

他们已经进入了一个恶性循环。由于学习压力，玛丽越来越难以满足约翰的情感需求，她在他那里的情感账户余额也不断下降。账户余额越低，约翰满足她情感需求的动力就越小，这导致他在玛丽那里的情感账户余额也开始下降。最终，他们的账户余额降低到不再相爱的地步。他们还能回到过去、重燃爱火吗？

第 2 章

看见彼此：他的需求与她的期望

我从未见过一对仍然相爱的夫妻离婚。这就是为什么我认为无论怎样强调在婚姻中保持爱意的重要性都不过分。彼此的爱是促使双方结婚的动力，也是维持婚姻的关键。

因此我的婚姻挽回策略非常简单，就是恢复夫妻之间的爱意。只要他们之间的爱意恢复，离婚的风险就会消失。这一策略非常成功，我在职业生涯中已经成功帮助数千对夫妻挽救了婚姻。

但是浪漫之爱只是婚姻关系的一部分。还记得我在序言中给婚姻下的定义吗？婚姻是一种极致的彼此关爱。除了浪漫之爱以外，关怀之爱是婚姻的另一个重要元素。关怀之爱意味着我们愿意保护和支持另一半，帮助另一半的生命变得更加充实。在婚姻中浪漫之爱和关怀之爱都很重要，这两者是密切关联的。

浪漫之爱不是一种决定，而是一种感觉，是无法逃避地被另一个人吸引。关怀之爱则是一种承诺。当两个人决定步入婚姻时，他们承诺给予另一半最无微不至的关怀。这既是他们愿意给予的，也是他们希望从另一半那里得到的。没有这样的承诺和期待，婚姻就没有意义。

在步入婚姻时，几乎所有人都认同我的观点。人们步入婚姻，就是向彼此许下互相关怀、支持的承诺，那是超越世界上任何其他人所能给予的关怀和支持。

但是人们只能决定为另一半提供关怀之爱，却不能决定对另一半提供浪漫之爱。只有当另一半的行动突破浪漫之爱的阈值时，浪漫之爱才会产生。谁负责你的浪漫之爱呢？是另一半，而不是你。如果你爱上了另一半，那么功劳都在于对方。谁负责另一半对你的浪漫之爱？是你，而不是另一半。

但是，如果你真的关心对方，而对方并不爱你怎么办？关心有很多种形式，我们有很多种方式来关心所爱的人。如果你的另一半不爱你，而你真的关心对方，那么你就需要更加注意表达关心的方式。

我先假设你已经许下对另一半的关爱承诺。因为，如果连承诺都不愿意，那么没有任何一本书能够帮到你的婚姻。因此，我写了这本书来帮助你理解并通过关心另一半来激发浪漫之爱。为了做到这一点，首先我们需要知道什么是浪漫关系。

情感量表：浪漫之爱的定义和测量

我对自己和妻子乔伊丝的浪漫关系有一些疑问。我是如何变得如此痴迷她的？她对我是否也有同样的感觉？这种感觉会持续多久？恋爱时，乔伊丝和我分手过好几次，每次我都感到非常伤心。为什么我会有这种感觉？而每当她想要恢复关系时，我为什么总会回到她身边？

和其他许多问题一样，这些问题引发了我在博士助教阶段的研究兴趣，我开始研究处于浪漫关系中的情侣。我对似乎沉迷于浪漫关系的朋友和学生非常感兴趣。在接下来的10年里，我教授心理学的同时针对处于浪漫关系中的学生开展了一系列严肃的学术研究。现在我对这个议题依然很有兴趣。在明尼苏达州经营心理咨询诊所时，我依然继续跟进相关的学术研究。直到今天，我仍然觉得浪漫关系非常吸引人，并且仍在学习相关知识。

我对浪漫关系持续感兴趣的部分原因是，我发现浪漫关系同样是产生不忠和背叛的驱动力，而这会给婚姻带来巨大的痛苦和造成不可原谅的后果。在我和乔伊丝结婚后不久，我们发现身边的一个熟人与同事发生了外遇。这件事让我深刻地意识到了不忠的破坏性后果。婚外的浪漫关系毁掉了一个人的生活，但却无法停止，最终导致关系完全走向失控。那时，我开始了解浪漫关系的强大力量。

同时，作为一名心理学家，我对浪漫关系感兴趣主要是因为它给婚姻带来的重大影响。它使婚姻关系变得无与伦比。只要婚姻中仍然存在浪漫关系，婚姻就会持续。下面是我对浪漫关系的定义。

> 浪漫关系是指两个恋爱中的人满足彼此的亲密需求。
> 这个定义包含两个要素：浪漫之爱和情感需求。

要理解浪漫关系，我们需要定义浪漫之爱。

> 浪漫之爱通常是对异性产生的难以置信的被吸引的感觉。

在早期研究中，我开发了一个测试浪漫之爱的量表。我称它为"情感量表"。以下是量表中的一些问题，恋爱中的人倾向于真实地回答"绝对是"：

你是否在想起 _____ 时通常感觉很好？
你是否更喜欢与 _____ 在一起，而不是与其他任何人？
你是否喜欢告诉 _____ 你最深的情感和最私人的经历？
你是否感觉和 _____ 之间有"化学反应"？
_____ 是否能激发出你的最佳状态？

我用"情感量表"来确定夫妻在进行婚姻咨询的过程中是否有进展。当他们的分数上升时，我就能知道他们的努力方向是正确的。当他们的分数达到某个特定数值时，我就能知道他们已经坠入爱河，他们自己也会意识到这一情况。

但如果你恋爱了，你不需要通过问卷来证明自己是否坠入了爱河。对于经历过爱情的人来说，浪漫之爱是毫无疑问的，在它出现的那一刻他们就知道。所以，如果有人不确定自己是否恋爱了，那么大概率他/她并没有在恋爱。

浪漫之爱可以被创造、被摧毁、被重建，可以无限期地持续。这都与情感银行的账户余额有关，只需要保证让账户余额高于浪漫之爱的阈值。

分类和排序：深入了解自己和对方的需求

现在，让我来给情感需求下个定义。

> 情感需求是一种渴望，当它被满足时，人们会感到快乐和满足；当它未被满足时，人们会感到难过和沮丧。

情感需求的种类多样：花生酱三明治、生日派对、电视足球转播……任何让你达成时满足、失去时沮丧的渴望都是情感需求。

夫妻在婚姻中有哪些情感需求呢？为了回答这个问题，我咨询了数百对夫妻，问他们，在另一半为他们做什么时，他们会感到最快乐和最满足。我还问他们，如果另一半不这样做时，他们为什么会感到不开心和沮丧。这是一个开放式的问题，人们可以用举例的方式回答。

在积累了数千个例子后，我请助手将它们分类。我们发现，所有的例子可以分为 10 大类：爱与关怀、亲密对话、性满足、休闲陪伴、开诚布公、外表吸引、经济支持、家务支持、家庭投入和赞赏感恩。我称其为婚姻中的重要情感需求。

我随后要求人们由 1 到 10 对情感需求进行排序，其中 1 代表最重要，而 10 代表最不重要。这 10 大类涵盖了人们几乎所有的情感需求。我发现，很少有人表示完全没有列表中的一个或多个需求。但令我和学生惊讶的是，丈夫和妻子的需求排名往往大不相同。一般而言，丈夫倾向于将性满足、休闲陪伴、外表吸引、家务支持、赞赏感恩列为前 5 大情感需求，妻子则倾向于将爱与关怀、亲密对话、开诚布公、经济支持和家庭投入列为前 5 大情感需求。

真是了不起的发现！难怪丈夫和妻子在满足彼此的情感需求方面如此困难。他们非常有动力为另一半提供自己最想要的服务，但却没有动力提供另一半最想要的服务。人们总是缺乏共情力。

根据这些结果，我构建了"情感需求问卷"（见附录 B），该问卷涵盖了夫妻之间最重要的情感需求。通过这个问卷，每个人都可以弄明白另一半做什么最能使自己感到快乐，最能增加爱的存款。

请注意我接下来要说的一点，因为这是我的方案中最容易被误解的部分：每个人都是独特的。一般来说，男人会选择 5 个特定的情感需求，女人通常选择另外 5 个。但任何个体都可以在 10 个情感需求中任意选择。通过问卷，我可以基本了解情感需求的性别差异，但并不知道特定个体的情感需求。每对夫妻都可以通过完成问卷来深入了解他们最珍视的情感需求。

所以，虽然我在本书中会提到某个特定的需求，但这并不意味着我在说你的情感需求应该是怎样的。你和另一半应该弄明白彼此的情感需求，并相互沟通。但我要提醒你，通常丈夫和妻子在满足彼此的情感需求方面存在困难，因为他们不明白这些需求对对方来说有多么重要。

男女的不同世界：需求差异的惊人发现

本书提出了 10 种情感需求，当这些需求得到满足时，情感银行存款会最大化。但这10种需求的重要性并不全都等同，其中4种的重要性远远领先。对于丈夫来说，他们觉得性满足和休闲陪伴比较重要；而对于妻子来说，她们往往会选择爱与关怀、亲密对话。当这4种情感需求得到满足时，伴侣就会感到最快乐和最满足。

随着研究的深入，我越发意识到，相爱的人们总是会满足彼此的这4种情感需求，因为它们可以为情感银行带来最大的存款。有了大量的存款，浪漫之爱的阈值很容易被突破，这样就能够触发并且维持长久的浪漫之爱。

当夫妻满足彼此的情感需求时，他们同时也在表达对彼此的关怀之爱。但是在情感银行中，不同情感需求的存款能力不同。因此，如果夫妻想要创造和维持浪漫之爱，关怀之爱必须足够具体，并且是以能够最大程度增加情感银行存款的方式彼此关心，这样他们的账户余额才能保持在浪漫之爱的阈值以上。

虽然所有10个情感需求的满足都会从一定程度上带来情感银行的存款，但能带来最多存款的需求往往是爱与关怀、亲密对话、性满足和休闲陪伴。这4个需求，两个是妻子更需要的，两个是丈夫更需要的。我称这4种情感需求为亲密需求，因为它们是所有浪漫关系中的基本成分。毫无疑问，浪漫关系一定是亲密的。

我还发现，当人们坠入爱河时，满足亲密需求要容易得多。尽管性满足和休闲陪伴这两种情感需求对于女性而言的重要性弱于男性，但恋爱中的女性似乎能够不费吹灰之力地满足对方的这两个需求。男性也是一样。似乎只要人们处在恋爱中，就可以自然而然地满足彼此的亲密需求。

我开始意识到，浪漫关系是由一系列人类本能驱动的，这些本能鼓励恋人在一起。两个人不仅对彼此无法抗拒，而且还非常有动力去做使对方更加难以抗拒自己的事。但是，如果人们不再有机会继续满足彼此的亲密需求，他们可能会失去对方的爱。就好像情感银行每月固定的财务支出，如果一对夫妻像约翰和玛丽那样由于工作原因而分开，又或者他们发现生活中有其他更优先的事项，情感银行的账户余额就会慢慢降低，直到跌破浪漫之爱的阈值。当这种情况发生时，满足对方情感需求的动力会彻底消失，情况就会恶化。

在这个问题上，人们总想走捷径：我希望你满足我的需求，但我没有时间或精力来满足你的需求。他们开始认为，与过去相比，对方的亲密需求变得不那么重要了。在晚上睡觉之前，丈夫可能有足够的精力做爱，但不足以和妻子进行亲密对话。妻子则可能更愿意和丈夫亲密对话而不是和他做爱。婚姻中的此类常见问题可以通过恢复浪漫之爱来克服。为了达到这个目标，每个人都必须付出更多的努力来满足另一半的情感需求，直到突破浪漫之爱的阈值。在那之后，满足这些需求就变得容易多了。

但说起来容易做起来难。人们通常不明白情感银行是如何运作的，所以他们将失去的爱归咎于彼此渐行渐远。他们觉得如果爱不是自然的或本能的，就不是真爱。这时他们往往会告诉自己，另一半并不是对的人。

在接下来的 4 章中，我们将介绍 4 个情感需求：妻子更需要的爱与关怀、亲密对话，以及丈夫更需要的性满足和休闲陪伴。我们会根据性别分别介绍这几种不同的需求。如果你和另一半不再相爱，以下章节将向你展示如何满足彼此的亲密需求，以使你们重燃爱火。如果你和另一半已经坠入爱河，我会鼓励你继续满足对方的这些需求，这样就可以终生维系浪漫关系。

一个基本规则：全心全意的关注策略

在你和另一半结婚之前，你们通常会一起度过大部分的娱乐时光，几乎每天都会互相深入分享自己的感受。每次在一起时，你们都会互相表达爱意。性肯定也是你们会想到的事。你们还会特意安排时间来关注对方。

但是结婚之后，你们大部分的娱乐时间都是分开的，你们的对话可能不再那么亲密，彼此的感情可能已经减弱了，至于性？它已经不再是之前那样了。你们简直找不到时间去享受、去进行亲密对话或者去满足对方的性需求。这些事很难在你们的日程表上排在优先位置。

除非你和另一半真的每周专门计划时间在一起，就像恋爱时那样满足彼此对爱与关怀、亲密对话、性满足和休闲陪伴的亲密需求，否则你们很难满足对方。如果不让彼此满足以上需求，你们就很难保持恋爱的感觉。为了避免这一悲剧，我鼓励夫妻遵循一个基本规则，即"全心全意的关注策略"。

> 每周至少全心全意地关注另一半 15 小时，用这段时间来满足彼此的亲密需求，包括爱与关怀、亲密对话、性满足和休闲陪伴。

你们在一起的时间应该是完全属于彼此的。这段时间不应该有孩子、亲戚或朋友的参与。你们在一起的目标应该是满足 4 大亲密需求：爱与关怀、亲密对话、性满足和休闲陪伴。

每周你们在一起度过的总时间应该反映出婚姻的质量。如果你和另一半都对婚姻感到满意，每周 15 小时可以维持你们对彼此的爱。但是，如果你们感到不满，那么应该计划更多的时间彼此陪伴，直到满意为止。很多夫妻发现，一次连续 3 ～ 5 小时在一起是最有成效的。我把这段彼此全心全意关注对方的时光称为"专注时间"。因为两个人都满足了彼此的亲密需求，所以双方都觉得这是浪漫的。

如果想让这段时光在你们的生活中变为现实，你必须立刻将专注时间安排到你们的日程中。也许每个星期日的 15:30 或其他什么时候，为接下来的一周安排至少 15 小时的专注时间。请记录你们在一起的时间，并互相督促，确保它得以实现。

个性化评估：制定有效可行的策略

情感银行的存款并不限于满足以上 4 个情感需求。夫妻之间还有许多其他的方式可以使彼此开心，这些同样很重要。当我询问人们可以如何使彼此开心时，他们常常提到另外 6 个情感需求。这些需求也不应被忽视。其中 3 个需求对于女性来说更重要，分别是开诚布公、经济支持和家庭投入，而男性则常常认为外表吸引、家务支持以及赞赏感恩更为重要。当然，每个人的需求侧重点会有所不同，应当相应地进行个性化评估。

我建议夫妻在满足彼此的前两个最重要的情感需求方面投入最大的努力，这通常是亲密需求。然后，他们还要满足排名第 3 到第 5 的其他情感需求。当这 5 个情感需求得到满足时，浪漫之爱并不难。

这并不意味着剩下的 5 个情感需求一点都不重要。这只是意味着你的努力可能不会得到同样的回报，爱的存款也不会有那么多。在许多婚姻中，人们为满足重要性较低的需求投入了太多的努力，而对重要性较高的需求则投入不足。了解另一半最需要你为他做的事情，并学习如何有效地满足这些需求，你就不会重蹈覆辙。

第 3 章到第 6 章将解释如何满足 4 个亲密需求，第 7 章到第 12 章会解释如何满足另外 6 个情感需求。

3 个基本因素：质量、数量和互惠

为了成为满足另一半情感需求的专家，你需要考虑哪些因素呢？你应该考虑 3 个基本因素：质量、数量和互惠。

质量是指你满足对方情感需求的效果。如果你的努力达到了目标，每当你试图满足那个需求时，另一半就会感到满足。本书将帮助你理解另一半对你的需求是什么，以及如何养成满足那些需求的习惯。请记住，重复可以形成新的习惯。做某件事的次数越多，习惯就越容易养成。我希望你和另一半可以养成向情感银行大量存款的习惯。一旦你们养成了满足彼此情感需求的习惯，情感银行中的账户余额就会毫不费力地增加。

数量是指你满足对方情感需求的频率。某些情感需求，例如性满足，通常每周一次或两次就足够了。而对于其他需求，如爱与关怀，一天之中可能需要好几次。此外，你们还应该了解满足某个情感需求所花费的总时间。你们的亲密对话应该持续多久？你们需要为休闲陪伴预留多少时间？

互惠意味着满足对方情感需求的过程对于彼此来说都是愉快的体验，这非常重要。如果建立新习惯的过程令人非常不快，就很难持续。单纯地重复并不足以形成习惯。诚然，一项新的活动，如学习打字，总是一开始有点笨拙，但是熟能生巧。但如果事情一直不太顺利，你们就应该探索满足这种情感需求的其他方式。所以，当你们还处在了解彼此需求的阶段时，你们有权拒绝做任何令自己不愉快的事情。这并不意味着不再试图满足对方。相反，你们要主动考虑其他既有效果又令自己感到愉快的替代方法。记住，满足彼此的情感需求应该同时增加两个人的情感银行账户余额。

第二部分
浪漫之爱的 10 大支柱

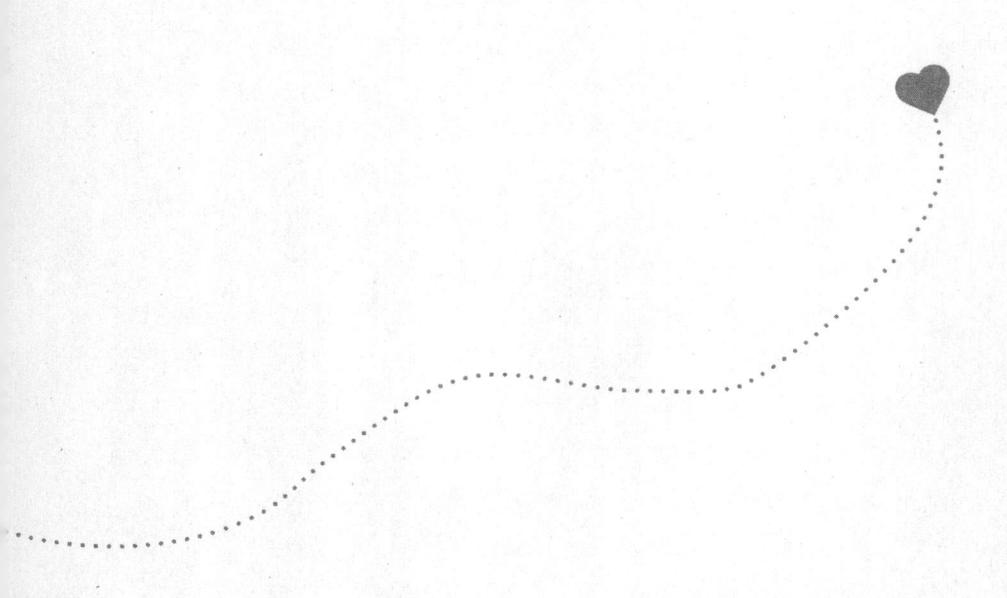

获得爱情你可以随便用什么办法,而保持爱情却需要智慧。

第 3 章

爱与关怀：亲密关系的核心

当乔琳爱上理查德时，她知道自己找到了想与之共度一生的男人。理查德坚忍且帅气，是那种强大而沉默的类型，这使他在乔琳眼中更加有魅力。对乔琳来说，与理查德的约会既令人兴奋又充满激情。

"我们真的很合得来。"乔琳告诉自己。

然而，结婚仅仅几个月后，乔琳开始注意到一些奇怪的情况：每当她想要拥抱或轻吻理查德时，对方几乎立刻就会性兴奋。任何一点点的身体接触最终都会发展成做爱。乔琳还发现，理查德"强大而沉默"的求爱方式掩盖了他极度情绪化和几乎什么都不与人分享的倾向。在他们结婚前，理查德曾告诉乔琳，他的母亲在他 10 岁时去世，是父亲和两个哥哥把他抚养大的。那时，乔琳并没有深入地思考这个问题。但最终她意识到，这对理查德维持亲密关系的能力产生了影响。

在理查德的成长环境中，他和家人几乎没有什么亲密的接触，10 岁时母亲去世后就更没有了。因为他自己很少获得关爱，所以他不知道如何表达爱与关怀。对他来说，婚姻中的爱与关怀就意味着性，这使乔琳感到自己被利用了，并且感到幻灭和失望。当理查德和乔琳迎来第一个结婚纪念日时，他们的情感银行几乎双双破产。

爱的语言：表达"我爱你"的一千种方式

在上一章中，我区分了浪漫之爱和关怀之爱。浪漫之爱是一种令人难以置信的吸引力，而关怀之爱是下定决心保护、供养和支持某人，陪在对方身边，使彼此的生活更加充实美满。我们以这种方式对待我们的孩子。亲密感是关怀之爱的象征。

对于大多数女性来说，亲密感象征着安全和保护，这在她们看来至关重要。当丈夫展现亲密感时，他在传达以下信息：

- 我关心你。
- 你对我很重要，我不希望你发生任何不好的事情。
- 我关心你面临的问题，并会尽量帮助你克服它们。

一个拥抱可以表达上述所有的情感。男人需要理解女人有多么强烈地需要这些肯定。对许多女人来说，这样的肯定无论如何都不嫌多。提到拥抱，我认为这是大多数丈夫需要开发的技能。拥抱不仅向另一半传达了自己的情感，也是一种简单有效的向情感银行存款的方式。大多数女人都喜欢拥抱。她们拥抱彼此，拥抱亲人、孩子和动物。但如果她们认为这可能会被误解为性暗示，就可能会对拥抱有所顾忌。

显然，男人可以用其他对女人来说同样很重要的方式来表达情感。鲜花、小礼物或一张表达爱和关心的便条都可以简单但有效地传达同样的信息。一个体贴的丈夫可能会为他的妻子开门，以此告诉她"我爱你""我关心你"。牵手是一种经受住时间考验且有效的表达情感的方式。晚餐后的散步、背部按摩、短信和充满爱意的对话，都是在向情感银行存款。正如不止一首歌所唱的，"有一千种方式说我爱你"。

从女人的角度看，爱与关怀是亲密关系的基本纽带。没有它，女人通常会觉得自己与另一半渐行渐远。有了它，她会与他紧密地结合在一起，同时，他在情感银行账户中的账户余额也会增加。

"我不是那种喜欢表达的人"：索取而不给予

大多数女性认为，在恋爱中的爱与关怀是非常重要的。她们喜欢给予和接受爱意时伴随的感受。男人应该明白，这些感受通常与性无关。这与女性和她们的孩子或宠物在一起时的情绪感受是一样的。

而这会让男性感到困惑。他可能会把爱抚视为性行为中前戏的一部分，这可能会在瞬间唤起他的欲望。他错误地认为，对女人来说，爱抚起着与开始性行为相同的作用，并具有相同的快速唤起效果。所以这些男人只有在想要进行性行为的时候才会表现出爱意。但这时表达的爱与关怀并未传达"我在乎你"的信息，它传达的是"我想要性"。这不是给予，而是索取。女性显然会认为这种行为过于以自我为中心。如果丈夫只有在他需要性行为的时候才有亲密的举动，妻子通常会感到愤怒。

有的时候情况会更糟。有些男人从来不表达亲密，因为他们认为双方的亲密是毫无必要的，甚至在进行性行为的时候也这么认为。

来看一对虚构的夫妻，我称他们为布莉安娜和布鲁斯。最近他们之间的关系紧张，因为布莉安娜对布鲁斯的性需求没有热切回应。最开始，布莉安娜一旦感觉到布鲁斯的眼神表达出对性行为的渴望，就试图拦住他："布鲁斯，让我们先放松几分钟，我不能就这样开始，我需要一点时间培养感情。"布鲁斯不耐烦地皱起了眉头："你认识我很多年了。我就不是那种慢热的人，我现在也不打算变成那样的人！"

这听起来不可思议或牵强吗？我在办公室里经常听到类似的故事。布鲁斯无法察觉到他想要性却拒绝给妻子关爱的讽刺意味。一个男人想要妻子满足自己性欲的同时咆哮"我不是那种喜欢表达感情的人"，其荒谬程度就像一个推销员想要达成交易却硬要说："我不是那种友好的人。签字吧，还有其他客户在等我呢！"

亲密度清单：分清"需要"和"不要"

女性通常非常看重爱与关怀。当丈夫不以同样的方式回应时，她们会感到困惑。例如，妻子可能会在丈夫上班时给他打电话或发短信，只是想看看他是否还好。她也希望从他那里得到同样的关心，但丈夫可能从来不在工作时打电话看看她怎么样。难道他不在乎妻子吗？他可能非常在乎她，但因为他对爱与关怀的需求优先级较低，所以没有表达出来。

出差时，我经常发现衣服中间放了一些乔伊丝写的小纸条。当然，她在告诉我她爱我，但这些纸条还传达了另一个信息，即乔伊丝也希望从我这里得到纸条。因此，当我出门时，也在她的枕头上留下了这样的纸条。

我和乔伊丝对爱与关怀的需求如此不同，同样的方式无法令我们同时得到满足。我不得不去发现这些差异并采取相应的行动。例如，当我们逛购物中心时，对她来说，重要的是我能与她并肩走，并且牵着她的手。这并不是我自然而然或下意识会想到的事情。她鼓励我牵着她的手，我很乐意这么做，因为我知道她喜欢这样。我很乐意以这样一种她喜欢的方式表达我对她的爱意。

当我在咨询中努力向一些男性解释这种牵手的行为时，他们有点质疑我，觉得我太没有男子气概了。他们会质疑，难道我就"任由女人牵着我的鼻子走"吗？我则会这样回应：其实这种质疑很离谱，如果在购物中心牵着乔伊丝的手能让她感到被爱和珍视，我不这么做就是个傻子。我很感激她教我如何表达爱与关怀。我在婚礼上承诺照顾她，并真心实意地履行每一句承诺。如果她愿意向我解释她想要怎样的关系，我也愿意努力学习并做到，因为我希望她快乐。

几乎所有的男人在这方面都需要一些指导，那些已经养成了这种习惯的人通常都有一个优秀的教练，也许是前女友。在大多数婚姻中，妻子可以成为丈夫最好的老师，只要他以正确的方式向她寻求帮助。

首先，他需要向她解释，他非常关心她，但往往没有能够适当地表达出爱与关怀。然后，他应该请她帮助他学习，如何以她欣赏的方式表达。

最初，她可能会对这样的请求感到困惑。"当你爱某个人时，爱与关怀的表达是自然而然的！"她可能会这么回答。她可能没有意识到，对于他来说，一切无法那么自然而然地发生。"我想我没有让你知道我有多么关心你,"他可能会回答,"我只是假设你已经知道了,因为我为我们的家庭努力工作,和你一起出门,分担家庭责任。我应该做更多来告诉你我有多么在乎你。"

"听起来很棒!我们什么时候开始呢?"妻子往往很乐意提供帮助,她可以帮助另一半列出她觉得有用的小技巧。女性可能会表示需要身体上的亲密,如拥抱、牵手和紧挨着坐在一起。对大多数女性来说,亲吻非常重要,同样重要的是一些小礼物或者卡片,这些表达了丈夫的情感依恋和承诺。

当泰德和宝拉来到我的办公室寻求帮助以增进他们间的亲密感时,我让宝拉填写一个表格,该表格帮助宝拉明确对她来说什么是最重要的亲密习惯。表格包括两部分:"需要培养的亲密习惯"和"需要避免的亲密习惯"。

在"需要培养的亲密习惯"一栏中,宝拉写了以下内容:

- 每天早上起床时拥抱我并亲吻我。
- 一起吃早餐时,和我交谈并告诉我你多么关心我。
- 在你上班前拥抱我并亲吻我。
- 白天给我打电话或发短信,看看我过得如何,告诉我你在乎我。
- 下班后,在你离开办公室前给我打电话或发短信,这样我就知道什么时候可以期待你回来。
- 当你下班回到家时,拥抱我,亲吻我,并花几分钟时间告诉我你的一天过得如何,我也会和你分享我的一天。
- 晚餐后帮我洗碗。
- 晚上上床时至少拥抱和亲吻我 5 分钟,并告诉我你在乎我。
- 偶尔给我带些花作为惊喜,并确保附带一张表达你关心我的卡片。

- 记得我的生日、我们的结婚纪念日、圣诞节、母亲节和情人节。送我卡片和富有情感而非实用的礼物。学会为我购物。

在"需要避免的亲密习惯"一栏中，她写道：

- 当你想表达情感时，不要只告诉我你多么被我的外表吸引。
- 当你向我表现亲密感时，不要触摸我的臀部、胸部或私处，特别是当我们一起洗碗时。

泰德能理解宝拉在"需要培养的亲密习惯"中列出的内容。他愿意努力练习，直到它们成为习惯，让双方更加亲密。但他对宝拉在"要避免的亲密习惯"中列的条目感到困惑，甚至感到有些被冒犯。"你不希望我告诉你，对我来说你有多么性感吗？你吸引我，我只是在听从我的本能。"他解释道。"我希望对你有吸引力，"她回答，"但是当我们在一起时，你似乎只对我的身体感兴趣。这使我觉得你不关心我这个人。"

我向泰德解释了爱与关怀和赞赏感恩之间的区别，后者我们将在第12章中讨论。爱与关怀是在表达关心，赞赏感恩则是在传达尊重和价值。泰德对宝拉的外表表示欣赏并没有错，但他并没有传达出自己对宝拉的关心。

宝拉非常渴望得到爱与关怀，这是她最重要的情感需求。与此相比，赞赏感恩的排名则较低。的确，一些高度重视赞赏感恩的女性希望丈夫定期赞赏她们的吸引力，有些人甚至不介意对方在洗碗时抚摸自己来作为这种欣赏的证据。但泰德这么做并没有用，因为宝拉对赞赏感恩的需求非常低，因此当泰德将大部分注意力集中在她的身体特征上时，她感到被严重忽视。

刻意练习：让关怀成为一种习惯

宝拉向泰德明确了她对爱与关怀的情感需求。她告诉泰德想要他做什么，明确了质量；还告诉泰德希望他多久做一次，明确了数量。但互惠呢？泰德的感受如何？如果他要养成这个习惯，他必须先享受这样的习惯。

我向泰德解释说，刚开始一种新的行为通常会让人感觉很尴尬，不太自然。但这并不意味着他直到最后都不会享受做这件事，除非对方的情感需求会给他带来持续的痛苦。即使在这种情况下，他们也应该一起努力修正她的需求，让双方都可以从中得到享受。

宝拉也对泰德的态度感到担忧。如果他不想表现出爱与关怀，即便遵循她的建议做又能怎么样呢？似乎只会显得太过做作。我向宝拉解释，一旦这些行为成为习惯，泰德的表现就会更加自然，也更加符合他自己的个性，他可以用自己的方式展现真诚。

泰德真的很关心宝拉。宝拉对他来说很重要，泰德关心她所面临的问题，想帮助她解决这些问题。但他还没有学会如何通过爱与关怀的行为来表达对她的关心。在帮助泰德理解宝拉心中的爱与关怀之后，我建议他随时携带宝拉填写的那张表格，帮助他将特定的行为转化为习惯。这张表格每天都会提醒他为她做些什么。从早上醒来时抱住她并吻她到晚上睡觉前的 5 分钟拥抱，他都在满足她的需求。

最终，表格渐渐变得不那么重要，泰德成功地养成了表达的习惯。他每一天都可以轻松自然地向宝拉表达关心，而且他们双方都享受其中。

立场互换：当爱与关怀成为他的情感需求

在少数咨询中，我发现爱与关怀是丈夫最重要的情感需求之一。他想要的爱与关怀不是作为性行为中的前戏，而是作为妻子关心他的象征。如果他的妻子也有类似的需求，那么爱与关怀通常不会成为丈夫的咨询诉求，因为他们已经互相表达了彼此的情感需求。但是，当妻子对爱与关怀的渴望不如丈夫那么强烈时，解决方案几乎与前面提到的一样。在那些较为罕见的情况下，我鼓励妻子学习如何表达爱与关怀。

情感先行：让性成为情感联结的自然延伸

爱与关怀是婚姻的环境，而性则是一个事件。爱与关怀是一种生活方式，为婚姻提供遮蔽和保护。对于大多数女性来说，这是一种直接表达关怀之爱的方式，性行为则是自然而然地随之而来的。

因为男性往往很容易将爱与关怀解读为性，所以男性需要学习表现不带有性意味的爱与关怀。我努力告诉每位丈夫将爱与关怀作为向另一半表示关心的一种方式，他必须知道这不是性生活的开关。伴侣相处时，热烈的拥抱和吻应该是常态。事实上，他们之间的每一次互动都应该包括亲密的语言和手势。我相信每一段婚姻都应该有一种氛围，即："我真的关心你，我知道你也关心我。"

当我谈到不带有性意味的爱与关怀时，男性往往感到困惑。他应该如何处理自然而然产生的性唤起呢？要知道，实际上几乎任何形式的亲密都可能触发这种反应。他想知道他是否需要冷水淋浴来保持冷静。我向这些男性指出，在恋爱时，他的性唤起就像现在一样，甚至可能更强烈，但是他当时能以尊重和温柔的方式对待另一半，因此爱与关怀的举动中并没有性的意味。

丈夫回忆起恋爱时期的热烈时刻，他想知道，为什么妻子在结婚后不再像以前那样容易被打动。我给了他这样一个答案，这也是很多妻子告诉我的：他没有像以前那样对待妻子。婚后，他认为可以跳过那些前期的准备直接进入核心部分。但结果是，这些"前期准备"不仅对于一段充实的性关系很重要，本身也非常有价值。

正如我们即将在第 4 章中提到的，在大多数情况下，女性需要在与丈夫建立情感联系后才发生性关系。对她来说，性行为是情感纽带的身体表达，她通过爱与关怀、亲密对话来实现这种感觉。如果你和另一半在性生活方面有点困难，可能是因为你们之间亲密感的缺失。对许多女性来说，在缺乏爱与关怀的环境下，性行为的发生并不自然。很多时候，妻子可能是在不情愿的情况下同意与丈夫发生性关系，因为她知道自己不会享受这种行为。

找我咨询的大多数女性都渴望得到爱与关怀。我试图帮助她们的丈夫理解女性在这种需求得到满足时所感受到的快乐。它是浪漫关系中至关重要的一部分，没有它，女性的性体验是不完整的。

丈夫对此常常存在误解。他试图向妻子解释频繁发生性关系的重要性，这让他更能感到亲密。但这种说法通常无法打动女性。有些女性会为了亲密感和丈夫发生性关系，而实际上这往往会让她感到愤怒和痛苦。一旦性行为结束，丈夫又变得冷漠，这让她感到被忽视，觉得丈夫只是想要性而不是真的关心她。这种看法破坏了亲密关系的纽带。但如果丈夫学习培养持续产生关怀之爱的习惯，创造充满爱与关怀的环境，情况是可以改变的。

思考和探索

给他的问题

1. 从 1 到 10 给你的亲密程度打分,10 代表"非常亲密"。你和妻子有多亲密?你认为她会怎么评价你?
2. 爱与关怀是不是你整段婚姻的基调?
3. 在过去,你是否倾向于将亲密感与性唤起等同起来?为什么这样做没有效果?
4. 你通过哪些具体方式向妻子表达爱与关怀?
5. 你是否愿意让妻子指导你,教你如何以她真正喜欢的方式给她更多的爱与关怀?

给她的问题

1. 爱与关怀对你来说重要吗?
2. 如果你没有从丈夫那里得到足够的爱与关怀,你是否愿意指导他?
3. 如果性行为对你来说存在情感方面的障碍,当丈夫给你更多的爱与关怀时,你会觉得更容易接受吗?

共同的问题

1. 对于你们中的任何一个人来说,是否感到需要提升亲密感?
2. 你如何看待要求泰德向宝拉表达更多亲密感的任务?你们觉得类似的任务会有用吗?
3. 怎样才能使双方都从爱与关怀的表达中得到愉悦?

第 4 章

亲密对话：保持沟通的艺术

茱莉亚和纳特在恋爱期间几乎一直黏在一起聊天。在不能见面的日子里，他们经常通电话，有时能聊上一个小时甚至更长时间。他们很少计划正式的约会，因为他们真正感兴趣的是见面和聊天。有时，他们聊得太投入，以至于忘记了原本计划的事情。

但婚后，茱莉亚发现双方对话的频率和质量都急剧下降。纳特的事情越来越多。当他们真的有机会坐下来聊天时，他的话却越来越少。下班回家后，纳特通常会在电脑上看体育节目，然后早早上床休息。对他来说，这些变化并不意味着感到沮丧或对茱莉亚失去了兴趣，他只是想在紧张的一天工作后放松一下。

"亲爱的，"茱莉亚有一天说，"我真的很想念我们之间的对话。我希望还能像以前那样多聊聊。""嗯，"纳特回应说，"我也很怀念那些时光。你想聊些什么呢？"

那句话并没有为情感银行增加存款。茱莉亚心想："如果你都不知道该聊什么，那么我猜我们真的没有什么可聊的了。"

当需求不对等:"为什么他不和我聊天?"

我很少听到丈夫们问:"为什么我妻子不跟我多说话?"但我经常听到妻子们说:"为什么我丈夫和我简单聊几句就这么困难?"有一部分原因是男性的交谈需求往往没有女性那么强。大多数女性本身就享受聊天,她们会花几小时与其他女性好友通电话,而男性打电话给其他男性闲聊的情况就比较少。

那么,为什么在恋爱时男性与女性聊天那么容易呢?一个明显的原因是他想了解她。首先和最重要的是,他试图理解她的问题,并且迫切地想要知道什么能让她快乐和满足。她的个人经历对他而言也很重要。他询问她的家庭、童年、最大的成就和失望以及她过去的浪漫关系。他也想学习如何吸引她。当他们不能在一起时,他会给她打电话和发短信,因为他知道她喜欢这种关注。这向她展示了他多么关心她和想念她。

但是在结婚后,特别是孩子出生后,他觉得已经足够了解她,也已经证明了对她的关心。由于他对交谈的需求通常比她小得多,他不觉得继续进行那些长时间的对话有任何意义。他没有意识到,正是他们的对话触发了她对他的浪漫之爱。当他从他们的日常生活中去掉了那些对话时,他就没有再往情感银行中存款了。

正如我在上一章提到的,女人希望与关心她的男人在一起。她希望确保他关心她。当他表达出爱与关怀时,她感到与他很亲近。对话是男人向女人传达爱与关怀最重要的方式之一,所以爱与关怀、亲密对话之间是密不可分的。亲密对话也是日常的婚姻生活中每天必备的。

学会倾听和表达：让聊天变得亲密无间

茱莉亚希望纳特能经常和她亲密地聊天，但她想要的不仅仅是对话，他可以和她聊任何事情，但茱莉亚仍然会感到担忧。她希望能像恋爱时那样聊天，她想要亲密对话。当他们还在恋爱时，纳特的话表达了对她的关心。这使得对话变得亲密，也使她感到非常愉快。

当人们无意中听到我和我的妻子乔伊丝之间的典型对话时，都会感受到我们对彼此的关心。很多人告诉我们，我们的语调和身体语言都展现出这一点。这是事实，我们真的很关心对方，我们的对话也能反映出这种关心，我们的所有谈话都是亲密对话。

上一章中讨论的爱与关怀是关怀之爱的表达，拥抱、亲吻和手牵手只是你和另一半彼此关心的一些表达方式。

亲密对话也充分体现了关怀之爱。人们通过对彼此的兴趣、讨论的话题和使用的词汇来传达他们的关怀之爱。当你听到这样的对话时，就能确信这是亲密对话。茱莉亚知道她已经很久没有和纳特进行过亲密对话了，她感觉纳特不再像过去那样关心她了。

4大要素：通过特定话题和方式显露关心

婚姻中的所有对话都应该是亲密对话，无论话题是什么，交谈方式都应该反映你们对彼此的关心。但是，某些特定话题和交谈方式会特别显露你们对彼此的关心，我称之为亲密对话的 4 大要素。其中两个要素描述了亲密对话的内容，另外两个要素描述了亲密对话的礼仪。

要素 1：利用对话来了解、探索和理解对方

婚姻中对话最重要的目的之一是创造情感上的亲密联结，正面和鼓励性的交谈是最好的方式。你们互相了解得越多，越能够利用了解到的信息去支持对方，对话就越亲密。

请分享彼此的情感反应、态度、观点、日常经验和可能面临的问题。诚实并带着尊重回答对方的每个问题，并主动提供对方可能没有想到的信息。坚持做活动日程和未来的计划并与对方分享。告诉另一半你的手机、社交网络和电子邮件密码，在对方看到之前不要删除任何东西。对彼此完全透明。不要保留任何秘密。

探索并尝试了解彼此的个人感情和态度，而不去评判。避免让你的问题听起来像是审问。如果你在另一半透露个人信息时批评或嘲笑对方，他/她将来就不太可能再向你袒露心声。请通过尊重和善解人意的态度，鼓励彼此开诚布公、展现脆弱的一面。婚姻中表达关心的最好方式之一是相互提问，这反映了你们对彼此的兴趣。

理解彼此的情感反应，了解是什么让你们快乐、悲伤，以及为什么会产生这种影响。了解彼此的"热点"和"冷点"，这样你们可以互相调动最好的一面，避免最坏的一面。你们在婚姻中展现关心的方式是根据这种理解，改变你们的行为，为彼此带来快乐、避免痛苦。

要素 2：培养对彼此最喜欢的话题的兴趣

在为夫妻提供咨询的过程中，我发现即使最内向的人在讨论某些特定话题时也会变得健谈。女性可能会注意到，当与几位男性朋友在一起时，平常再沉默寡言的丈夫也会变得开朗起来。

我曾经为一对即将离婚的夫妻提供咨询。詹妮弗再也无法忍受特洛伊的沉默。在我的办公室，只有我和特洛伊在场时，我们之间的谈话没有任何问题，但是，当他的妻子加入谈话时，特洛伊就变得一言不发。那么问题出在哪里呢？

对特洛伊来说，某些让他感兴趣的话题能使他变得开朗，而找到这些话题并不费力。当谈论起那些话题时，特洛伊才可以完全打开话匣子，而一旦开始，他就可以继续与我讨论其他更广泛的话题。但因为他的妻子不愿意谈论任何特洛伊感兴趣的事情，所以他们之间的对话从未开始。

于是我鼓励詹妮弗更多地了解丈夫最喜欢的话题，即钓鱼。她不仅学习了关于鱼和钓鱼方法的知识，还鼓起勇气真正开始和他一起钓鱼。她原以为那会非常无聊，但当她真正学会了以后，发现钓鱼其实还挺有趣的。与此同时，我也鼓励特洛伊开始观鸟，这原本是詹妮弗的兴趣。此前他们分别去钓鱼和观鸟，实际上这两者可以结合在一起。

这对夫妻面临的问题是他们没有在彼此最喜欢的话题上培养出兴趣。解决方案是更多地了解这些话题，这样他们就能够有创造性地交谈。

培养对另一半的爱好的兴趣表达了对对方的关心。另一半的兴趣会变成你的兴趣，反之亦然，因为你们希望能够在任何事情上互相支持。

要素3：平衡对话之道

已经有很多流行的建议指导人们如何成为一个好的听众，但成为一个好的说话者同样重要。这就是我之前提到的要素1涉及分享和探索的原因。对话的双方都要给出信息并接收信息，亲密对话必须有来有往，否则只会变成单方面的演讲。

艾米和瑞恩在亲密对话方面遇到一些困难，因为艾米几乎一直在说话，而瑞恩只是坐着听。于是我要求他们平衡两人讲话的时间。在10分钟的对话中，艾米应该给瑞恩大约5分钟的时间。起初，她以为瑞恩在他的时间里会什么都不说。但是，一旦她给了瑞恩说话的机会，他很快就用掉了自己的5分钟。在被要求平衡对话、给对方平等的说话时间之前，艾米并没意识到自己有控制对话的习惯。

有些人因为打断他人说话的坏习惯而破坏了对话的平衡。在别人完成思考之前，他们会突然插入自己的想法。这个习惯不仅破坏了对话礼仪，还打断了那些拘谨的人的对话思路。这种打断可能会结束原本愉快的对话。

我鼓励伴侣中相对外向的一方给较为拘谨的一方多一点时间来整理思路。有时候我会鼓励夫妻双方使用秒表来限制每个人可以说话的时间，比如在10分钟的对话中每人分配5分钟。这能让外向的一方了解自己多么倾向于阻止拘谨的一方说话。

那些垄断对话的人会使伴侣逐步发展出一个不受欢迎的习惯，那就是沉默。因此，如果你和另一半想要进行良好的对话，就要对彼此的"发言权"保持敏感。你的另一半可能需要两三秒钟的时间才能开始一句话，要给对方足够的时间。还要记住，请等待另一半充分表达想法，然后再评论。

平衡的对话反映了夫妻之间的相互关心，具体表现为重视对方的发言和他/她表达观点所需的时间。

要素4：给予对方无私的关注

丈夫最让妻子感到不悦和被冒犯的方式之一是边上网冲浪或回复手机短信边和她对话。她会感到不悦是因为他没有认真听她在说什么，而似乎对手机更感兴趣，她感到被冒犯是因为她没有得到他全心全意的关注。

当然，丈夫违反这一礼仪规则的原因，往往不仅仅是网络或手机短信很吸引人。许多妻子向我抱怨，丈夫根本不听她们说话，有些人甚至在妻子说话时睡着了。许多夫妻之间缺乏对话，部分原因是亲密对话的其他3个要素也是缺失的。他们不是在谈论彼此，也不是在谈论有趣的话题，而且对话并不平衡，只有其中一方在说话。

话说回来，对男性来说，全神贯注同样需要练习。交谈时，丈夫应该看着妻子的眼睛，这是他给予她关注的明确标志。

正如我在第2章中所讨论的，我建议每对夫妻每周抽出15小时全心全意地关注对方，还建议他们记录这段时间的长度。结果妻子记录的数字几乎总是少于丈夫的，这是因为女性通常比男性更清楚专注到底意味着什么。

专注反映出关怀之爱,当另一半是你生命中的最高优先级时,你自然而然会这么做。

4 大破坏者:不安全、不愉快对话的原因

亲密对话传达了关怀之爱,它是安全和愉快的,它是有耐心和善意的,它可以为情感银行存入爱意金币。相反,任何自私而非体贴的言语都表达着"我不关心你"。当夫妻在交谈中不关心彼此时,亲密对话的敌人已经侵入了他们的生活。当他们希望以自私的方式解决冲突的时候更是如此。

婚姻中的对话必须处理冲突。乔伊丝和我几乎每个小时都在发生冲突:我们中的一个人想要以某种方式做某事,而另一个人想要以另一种方式做。但是,除非用安全、愉快并且彼此关心的方式解决冲突,否则问题难以得到解决,还会成为降低情感银行账户余额的最重要原因之一。

婚姻中,正确解决冲突的诀窍是彼此关心,亲密对话则是体现彼此关心的绝佳方式。但当一方的头脑被自私占据时,亲密对话就不可能发生。双方的对话走向对立时,亲密对话的障碍就出现了。

夫妻对彼此有巨大的影响,最适合夫妻的两个问题是:"我可以为你做些什么让你感觉更好?""我做了什么让你感觉不好?"夫妻可以通过这两个问题获得的信息向情感银行存入更多爱意金币,减少取款。

当对方没有明确地提出这两个问题时,我鼓励人们以非批判性的方式向对方暗示自己的答案。如果乔伊丝希望我为她做某事让她开心,即满足她的

情感需求，我会想知道这件事究竟是什么。如果我所做的事情对她产生了负面影响，我也需要知道，这样我就可以停止这种行为，转而做一些让她感到高兴的事情。如果她将她对我的反应表达为基本的情绪而不是评判，我不会产生防御心。但是如果她在表达需求时加上评判，我就会感觉好像正在受到攻击，这会激起我的防御反应，使得解决问题变得更加困难。

破坏亲密对话的敌人让对话失去安全感，不再带来愉悦，妨碍夫妻以关心和体贴的方式解决冲突、表达负面反馈。这些亲密对话破坏者是导致从情感银行取款的主要原因。

亲密对话破坏者 1：提要求

向另一半询问能否为自己做些什么，这是完全没有问题的。我希望你们能够理解并学会满足彼此重要的情感需求。但当需求变成了要求时，亲密对话就会戛然而止。

提要求实际上是在告诉另一半：你并不真正关心对方的感受，而只想要满足自己，你就只想着自己想要什么。当然，你可能有 50 个理由来解释为什么另一半应该给你你想要的，或者以你希望的方式解决冲突，但关键的是，你没有给对方拒绝的权利。要求并不能表达关怀之爱，而是意味着自私。

提要求的坏处还远不止于此，它还使得你现在或将来都不太可能得到你想要的东西。即使你设法强迫另一半这次听从你的命令，下次对方也会提高警惕并以牙还牙。提要求不仅是亲密对话的破坏者，还会阻止你从婚姻中获得自己真正需要的，甚至是应得的东西。

可能你有合理的需求，可能另一半应该满足你，但如果你以提要求的方式表达需求，只会把对方推得更远。要求带有威胁性，意味着如果对方不满足，后果会很严重。

对于任何婚姻问题，更好的方法是提问："你是否愿意帮助我解决我一直遇到的问题？"这传达了你对另一半的关心，你愿意协商，且渴求另一半关心你，这是亲密对话的基本要素。相反，提要求意味着缺乏关心。

亲密对话破坏者 2：不尊重

不尊重的态度和评判性的话语会立刻结束亲密对话。即使对另一半的评论简单地翻一下白眼也可能结束原本非常愉快的夜晚。这是一些人似乎永远不会吸取的教训。

避免在婚姻中表现出不尊重并不意味着你要盲从伴侣的一切意见或所作所为。事实上，即使在最成功的婚姻中，分歧也在所难免，但你不应该以冒犯的方式表达分歧。

"但是如果我不认可对方的意见呢？那我应该说些什么？"我经常听到这样的问题。

我的回答是，无论你在想什么，都不要说任何不尊重的话。不说不尊重的话是情感上明智的做法，因为不尊重几乎总是令人反感的，这种态度会让你大量地从情感银行中取款，通常还会终结亲密对话。不说不尊重的话在理智上也是明智的做法，因为不尊重会阻止夫妻找到问题的解决方案，妨碍他们寻找共同点，讨论很可能沦为争吵，双方甚至会因此分道扬镳。

有时人们表达不尊重，却声称是为了帮助另一半。他们觉得对方的观点和看法有一天会带来麻烦，而反驳、纠正对方是自己表达关怀之爱的方式。但即使出于好意，不尊重也会适得其反。你不是说服了另一半，而是疏远了对方，不尊重给亲密对话带来了致命的打击。

不尊重这个概念很难界定，我有一个简单的判断方法：如果另一半认为你不尊重他/她，那么你就是不尊重。

亲密对话破坏者 3：表达愤怒

尽管提要求和不尊重对亲密对话有害，但也可能是出于好意。当人们争吵时，他们不一定想伤害对方，但愤怒的表达总是像有意伤害对方。在这种情况下，对话传达的不是关心和爱，而是忽视和恨。愤怒的表达永远不应该出现在婚姻中。任何情况下，对愤怒都应当保持零容忍的态度。

所以，当人们处在愤怒中时不应说任何话，因为这时说的任何话都是错的。请相信我，相信一个临床心理学家的话。人们怒气冲冲时，正在经历暂时的失常，那时他们可能非常危险。他们不是试图保护对方，而是试图攻击并伤害对方，这是伴侣永远不应该对彼此做的事情。

愤怒的爆发在日常生活中同样不应该存在，但它在婚姻中的破坏性尤为明显。婚姻应该是一段相互保护和关心的关系，但愤怒会让你变成对方的最大威胁。当你生气的时候，你可能想说些什么，但还是不说为妙。如果你有机会看到自己暴怒的视频，一定会同意我的看法。

亲密对话破坏者 4：纠结于过去或者现在的错误

生活中，错误是常见的，在婚姻中尤为常见。每当我们错过一个让对方快乐的机会，或者做了某件让对方不快的事情，就犯了一个错误。但错误往往很难证明。一个人眼中的错误在另一个人看来可能是正确的，或至少是可以辩解的。

外遇是任何人都可能犯的最大的错误之一。被背叛的一方当然会这样认为，但不忠诚的一方在事情发生时不太可能这样认为，事情结束后可能也不这样认为。实际上，不忠诚的一方可能还会因为这次外遇而责怪被背叛的一方。如果明显的错误，如外遇，尚且难以确定责任，你能想象为更小的冒犯行为确定责任有多难吗？然而，人们经常纠结于彼此的错误，并争论谁应该承担责任。

对方做了某些冒犯你的事情，表达出这一事实本身并没有错。实际上，我鼓励你这样做。亲密对话的敌人是对错误的过度纠结。如果你不断地反复提起它，就会破坏亲密对话。

乔伊丝告诉我我冒犯了她，我应该接受，毕竟她最能判断自己的感受。当她这样评论时，她已经表达了我的行为对她产生的情绪影响。如果我关心她的感受，我会希望她帮助我学习如何以满足她需求的方式行事。但是，当我承认她所陈述的内容之后，她仍然纠结于我的错误，这就会使我产生防御心。这时我不再想解决问题，而是想避免进一步讨论这个问题。这就是为什么过度纠结错误是亲密对话的敌人。

我称亲密对话的前 3 个破坏者为"爱的破坏者"，因为提要求、不尊重和表达愤怒都会破坏浪漫之爱。

细水长流：每天留出时间进行亲密对话

多年来，我研究了恋爱中的情侣、在婚姻中保持浪漫爱情的夫妻。我很好奇他们是如何相爱以及如何保持浪漫爱情的。我发现那些保持浪漫之爱的人几乎每天都安排时间与对方交谈。在那段时间里，他们不管在做什么，都会专心地互相倾听，并用大部分时间进行亲密对话。

因此我的建议是，如果想保持对彼此的爱，你应该学会做那些相爱的人正在做的事情：每天留出时间进行亲密对话。

如果妻子没有与丈夫进行太多的交谈，她往往会失去她非常需要的亲密感，这种失落会严重影响她享受性亲密的能力，这也是下一章的主题。

实践技巧：情感沟通的 8 个小贴士

丈夫与妻子交谈的方式也在传达关心，双方的交谈方式和谈论的话题共同创造了亲密对话，这是妻子不能缺失的情感需求。

以下是一些亲密对话的基本要求，是时候付诸实践了。

1. 利用对话来探索和了解彼此，并传递信息。
2. 对彼此喜欢的话题产生兴趣。
3. 平衡你们的对话。学会避免打断对方，并尝试给双方提供相同的谈话时间。
4. 当你们交谈时，请全心全意地关注对方。
5. 永远不要使用对话来强迫另一半做你想要的事或同意你的想法。
6. 永远不要对对方的感受和意见表示不尊重。
7. 永远不要在愤怒中交谈。
8. 永远不要在对话中反复提醒对方过去的错误。同样，也要避免对现在的错误耿耿于怀。

当你满足妻子对亲密对话的需求时，你们会更清晰地理解彼此，并学会如何满足其他重要的情感需求并解决冲突。如果你们想对彼此产生不可抗拒的吸引力，亲密对话是至关重要的。

思考和探索

给他的问题

1. 你们的对话方式是否传达了你对妻子的关心?你与妻子讨论过她所面临的问题吗?在她努力解决这些问题时,你是否支持她?如果没有,为什么?
2. 你是否试图更好地理解妻子最喜欢的话题?你可以如何改进?
3. 你是否犯了任何破坏亲密对话的错误?如果是这样,如何改变?你能明白这些错误是如何阻止你传达对妻子的关心的吗?

给她的问题

1. 你是否怀念恋爱时的高质量对话?如果是这样,你可以做些什么来恢复?
2. 你是否参与了任何破坏亲密对话的行为?如果是,你将来可以做些什么来避免?
3. 你和丈夫有哪些共同的兴趣?你可以做些什么来深入了解他最喜欢的话题?

共同的问题

1. 亲密对话的破坏者是否降低了你们的对话频率?如果是这样,可以做些什么来消除它们?
2. 你们的亲密对话是否满足了亲密对话 4 要素?如果不是,可以做些什么来引入这些要素?
3. 你们如何重新安排日程以腾出更多时间进行亲密对话?现在花在其他事情上的时间是否更值得用来相互陪伴?

第 5 章

性满足：爱的深层交流

"在我们结婚之前，吉姆非常浪漫、充满激情，简直就是一个唐璜。但现在，他似乎更像匈奴王阿提拉。"

"当约翰想要发生关系时，他就想马上得到满足。他不关心我怎么想，只想着满足他自己。"

"鲍勃变得像个动物。他想的只有性、性、性！"

当听到妻子们这样说时，我可以想象她们是多么失望。这些男人曾经知道如何表达情感和有效交流。然而一旦结婚，所有这些就都消失了，剩下的似乎只是纯粹的欲望。恋爱阶段的爱与关怀和亲密对话只是为了赢得女人而采取的手段吗？

"你为什么认为你的丈夫是这样的？"我问。"因为他其实不是真的在乎我。他只关心性。"妻子通常会这么回答。

相互满足的婚姻的前提条件是对彼此的极致关爱。如果丈夫不尝试满足妻子的需求，妻子也不尝试满足丈夫的需求，他们可能只在法律上是已婚状态，但不会体验到婚姻带来的幸福和满足。然而，如果双方都了解对方的需求并学会如何满足对方，他们将会拥有梦想中的美满婚姻。

我并不是想告诉你在婚姻中最重要的情感需求是什么或应该是什么。在完成"情感需求问卷"（见附录B）并一起讨论结果时，你可以告诉对方自己的优先需求。有些夫妻会发现大多数人的需求倾向并不符合他们的实际情况。丈夫可能比妻子更需要爱与关怀、亲密对话，而妻子也可能比丈夫更需要性满足。我只是尝试总结成千上万男人和女人在咨询中表达出的婚姻需求。妻子倾向于认为在婚姻中爱与关怀、亲密对话更重要，而丈夫倾向于将性满足排在更高的位置。

还有一件值得注意的事：如果一方和另一方相比更倾向于某种需求，这并不意味着另一方完全没有这种需求。它只是意味着对另一方来说，其他需求更为重要。

性别差异：性驱动力、性意识、性动机

提到性，大多数男性和女性在3个方面存在重要的区别，即性驱动力、性意识和性动机。

性驱动力

平均来说，男性的性欲比女性要强烈得多。这是因为男性的睾酮水平明

显高于女性,而睾酮是唯一已知的催情剂。如果女性想要亲自体验强烈的性欲是什么感觉,只需在身体上粘贴睾酮贴片一周时间,贴片就会将她的荷尔蒙水平提高到 19 岁男孩的平均水平。这对女性来说是一次大开眼界的经验,而她们通常不想重复这样的体验。

但是在一生中,男性血液中的睾酮水平每年减少约 1%,随着年龄的增长,男性在性方面的动机会减少,表现能力也会减弱。因此,年纪较大的男人可能不会像年轻时那样重视性生活。

性意识

大多数男性和女性之间的第二个区别是对自己性欲的认识。我使用"性意识"这个词来传达人们对自己性经验的理解,即知道如何在性方面做出反应。多年来,我从客户那里收集了超过 4 万份关于他们性经历和性行为的问卷。问卷的结果显示,几乎所有的男人都有自慰的习惯,许多人在很小的时候,即 8~10 岁就开始了。女性开始自慰则晚得多,大多数是在二十岁前后,超过一半被调查的女性从未自慰过。

被调查的男性和女性自我报告的第一次性经验发生的年龄差不多,在 13 岁到 16 岁之间,但他们对那次经验的报告有着显著的不同。几乎每个被调查的男性都感觉良好,而大多数女性则觉得那是一次令人失望的体验。

我认为这种差异至少部分原因在于男性和女性的性欲之间的差异。在大多数情况下,男性因为强烈的性欲和自慰的性反应史而在第一次性体验时感受更好,而女性在第一次性体验时通常没有太多的性经验,她们中的很多人不知道该期待什么。她们的动机可能是希望被男友喜欢或出于好奇,但可能不是迫切需要性满足的感觉。她们经常问："性有什么大不了的呢？"

性欲和性经验方面的这种差异是许多婚姻问题的根源。年轻的男人和女人在婚姻中通常是从两个极端走到一起的。也许他在性方面更有经验，受到强烈的欲望驱使；也许她经验较少，动机也比较弱。此外，他的性体验如此直观且自然，以至于他通常不明白为什么大多数女人必须学习如何在性方面做出反应，他没有为与新娘谈论享受她自己的性欲做好准备。他只知道自己有多喜欢性，并假设自己喜欢的东西她也会喜欢。大多数年轻的丈夫很快就发现这种假设是错误的。他们了解到性体验对他们的新娘来说意义并不大。这让许多男性感到挫败。

在婚姻中，大多数男人只有当妻子满足时，自己才能实现完全的性满足。虽然我一直认为男人通常比女人更需要性，但只有当一个女人与她的丈夫共同体验性时，这种性体验才是完整的。因此，当女人为了迎合丈夫的性要求而牺牲自己的身体感受时，这样做实际上并没有用。只有当她和他一起体验性爱时，他才能真正感到满足。

女性在爱与关怀、亲密对话方面的满足也是如此。妻子通常不会因为丈夫满足了她的需求就感到满足，除非对方也因此满足。这就是为什么互惠性在满足情感需求时如此重要。即使其中一方可能有更大的需求，也只有当双方都感到满足时，满足才是有效的。

但是我发现，许多妻子尽管对自己的性欲有充分认识，并且在性方面没有任何障碍，也会拒绝和丈夫发生性行为。她们告诉我，她们可以性兴奋并达到高潮，通常比她们的丈夫反应得更快，然而她们不会这样做。这个普遍的问题是由于大多数男性和女性之间的第三个差异，也就是他们的性动机的不同。

性动机

你应该问另一半一个非常重要的问题:"为什么我们要有性行为?"如果丈夫诚实的话,他会回答,性行为可以缓解他的性渴望。但是大多数妻子的答案却大不相同。妻子可能会说,性行为证实了他们已有的亲密感,并帮助她感觉更接近她的丈夫。对她来说,性更多的是为了建立亲密的情感纽带。

所以,如果妻子感受不到与丈夫情感上的亲近,她通常不会想和他发生性行为。他可能没有通过爱与关怀和亲密对话来传达对她的关心,或者他已经证明他真的不在乎,完全忽视了她,直到他想要做爱才会关注她。那些与丈夫情感疏远的女性通常不愿与丈夫发生性行为。与此不同,即使感情完全破裂,丈夫也很少会拒绝与妻子发生性行为。

了解两性在性行为方面的 3 个差异,人们就能够理智地处理几乎任何他们面临的性问题。协商始于以互相尊重为基础的观点交换,通过与彼此讨论这些差异并找到性行为对于双方的意义,你和另一半将能够找到解决婚姻中最常见问题的方法。

性体验的 5 个阶段:从欲望到满足的过程

让我们再次回顾男性和女性在性方面的 3 个重要区别。

1. **性驱动力**。男性体内的睾酮水平高于女性,因此他们的性欲望更强。

2. **性意识**。男孩往往比女孩更早、更频繁地探索性。到了结婚的时候，男性可能更了解如何获得满足的性体验。
3. **性动机**。由于男性受性欲的驱使更强，他们进行性行为的主要动机是缓解性渴望。而对于女性来说，性行为的主要动机往往是建立亲密的情感纽带。

为了促使夫妻间性生活更加和谐，我会就人类性欲这个主题进行简短的介绍。虽然其中一些内容可能看起来有点不浪漫并且过于学术，但请耐心一点。你们越了解以下信息，就越能满足彼此的性需求。

大多数的性冲突都可以得到解决。性体验可以分为 5 个阶段：意愿、唤起、平台期（持续期）、高潮和恢复。

首个阶段，意愿是开始的动力。丈夫的意愿通常是由性欲驱使的，而妻子的意愿通常是由双方的情感联结驱动的。在唤起阶段，他和她开始感受到性的感觉。阴茎通常会勃起，阴道会分泌润滑液。如果通过性交或手动正确地刺激阴茎头和阴蒂，丈夫和妻子将进入平台期。在这个阶段，他的阴茎变得非常坚硬，她的阴道不自主地收缩，提供更大的阻力以加强感觉。高潮只持续几秒钟，是性体验的高峰，阴茎会分次射出精液，这个过程就是射精，而阴道则交替收缩和放松数次。接着是恢复期，在这期间，双方都感到平和放松，阴茎变软，阴道也不再分泌润滑液，放松下来。

虽然男性和女性都会经历这 5 个阶段，但他们的身体感受和情感感受是不同的。对大多数男人有效的方法对大多数女人可能不适用，对大多数女人有效的方法对大多数男人也可能不适用。希望体验性和谐的夫妻需要重视并理解这些差异。我将分别讨论性反应的每一个阶段，并强调其中一些最重要的差异。

意愿：一切如何开始

我已经说过，大多数男人之所以想要进行性行为，是因为他们相对较高的睾酮水平产生的性渴望，而女人更经常是由于情感上的亲近感而产生这种动机。许多男人几乎每天都会经历对性的渴望，这种情况在女人身上可能不会那么频繁地发生。由于持续的性欲望，在妻子提议时男人通常愿意发生性行为。但是，大多数女人只有当感到与丈夫情感上的亲近时，才愿意像她们的丈夫那样频繁地展开性行为。

大多数女人之所以愿意与丈夫发生性行为，一方面是因为她们想以这种方式表达对丈夫的爱。她们希望将自己的亲密感，也就是关怀之爱，延伸到性爱中。这就是为什么爱与关怀、亲密对话为大多数女人创造了一个更有性吸引力的环境。另一个原因是她们预期与丈夫拥有双方都享受的性体验。只有当丈夫理解她如何享受性体验的其余4个阶段，并尊重她的感受时，这种体验才可能发生。

在大多数情况下，充满爱与关怀、亲密对话的环境，以及对双方共同享受其中的预期，才会促使女性愿意在丈夫想要性生活的时候与他做爱。

唤起：性感觉的开始

大多数男人都可以通过多种方式被性唤起，但毋庸置疑，最受欢迎的是视觉刺激。许多展示裸体或半裸露的女性的杂志、日历、电影、视频等都利用了一个事实：男人喜欢看裸体女人。在咨询中，妻子通常也说另一半喜欢看她们脱衣服，当她们裸体时，丈夫往往几分钟就能达到性唤起。

大多数男人很容易体验到性唤起，对于年轻男人来说，性唤起可以一天发生多次。许多非视觉和视觉体验都可以引发这种唤起：电梯中的香水味、女人的步履、穿着暴露的女人的照片，甚至白日梦。

有时候，妻子会对丈夫会因其他女人而产生性唤起感到惊讶。但她需要明白，丈夫并非道德败坏或不忠诚，他只是产生了一种常见的男性反应。对大多数男人来说，唤起本身并不意味着什么。它可能相对轻松地发生，不管他们主观上是否想要都会体验到。女人可能很难理解这一点，因为她们的唤起体验与男人截然不同。对大多数女人来说，性唤起大多数情况下并不依赖视觉刺激，这一点对男性而言更加复杂和难以理解。

对于大多数男人来说，性意愿和性唤起如此轻松地结合在一起，以至于他们不认为那是两个独立的阶段。然而，对大多数女人来说，两者是截然不同的。除非刻意决定，否则唤起通常不会伴随性意愿发生。

如果女人愿意发生性行为，她通常会鼓励丈夫用能导致她唤起的方式触摸她。但如果她不愿意，同样的触摸通常会导致她的防御和愤怒。换句话说，只有她愿意，她才允许他用可以唤起她的方式抚摸她。

一旦女人愿意被唤起，她就准备接受并回应适当的触觉刺激，例如抚摸她的身体，尤其是乳房和乳头，并刺激阴蒂周围的区域。我通常提醒夫妻避免在女人性唤起之前进行性交。当女性被唤起时，阴道已经润滑得很好，不舒适的风险大大降低，对性交的反应也会更加强烈。

当性交开始时，女人需要持续强烈地刺激阴蒂和阴道口。她可以通过以下方法创造更强烈的刺激：（1）收缩耻尾肌，这是用来停止尿流的肌肉，能够使阴道在插入的阴茎上收紧；（2）快速地推动骨盆；（3）采用增加对阴蒂的压力和阴道口对阴茎的阻力的姿势。

女人的阴蒂与阴道口前端之间的距离越短，性行为带来的刺激越强烈。通常在该距离不到1.3厘米的情况下，在性行为中感受到刺激几乎不费吹灰之力，而距离超过2.5厘米则可能有挑战性。后者需要不断尝试直至发现最佳的姿势。当她们找到那个姿势时，对方最好不要改变。

如果丈夫希望妻子真正感到被关心，并且愿意全身心地投入性爱，他应该保证每一次的性体验对她来说都是愉快的。所以她应该要告诉他，他可以做什么来满足她，他应该为她这样做。性的姿势和技巧应该限制在他们都喜欢的范围内。通常这意味着发现她最喜欢的是什么，并且保持下去。

我强烈建议夫妻在性唤起时都表现出亲密。对大多数女人来说，这不仅仅是性，也是彼此的联结。所以夫妻应该互相亲吻、拥抱、互相凝视。如果你们性行为的方式妨碍了彼此间的亲密，那么它就不再是做爱了。

平台期：发生性行为的最佳阶段

在几分钟的强烈体验刺激之后，人们通常会进入到平台期，也叫持续期。在唤起阶段，阴茎必须经由外界刺激才会勃起，阴道必须经由外界刺激才会湿润。但在平台期，阴茎自动勃起，阴道自动收缩。在这个阶段体验到的性愉悦是强烈的，而且可以持续相当长的时间。

女人需要非常强烈的刺激才能达到平台期，男人需要的刺激则要少得多。对男人来说，性交本身几乎总是足够的，很多人甚至在更少的刺激下就能达到平台期。

但是，女人对更多刺激的需求和男人对更少刺激的需求导致了一个常见的性问题：早泄，即过早达到高潮。当她为了刺激自己而加快速度时，他会感到过度的刺激。在她可以达到平台期或高潮之前，他的高潮已经结束并消除了勃起。

如果男人试图阻止高潮，他可能会发现自己从平台期退回到唤起阶段，阴茎变软了。尽管他可能会继续性交，但除非他自愿地使阴茎变硬，否则无法给妻子她需要的刺激。

对许多男人来说，在没有达到高潮或退回到唤起阶段的情况下保持平台期是一个挑战。在进行性行为时，丈夫应该保持平台期大约10分钟，这通常是他的妻子达到平台期需要的时间。然后她可能需要再过5分钟才能体验到高潮。但男人常常在另一半得到足够的刺激前就达到了高潮。所以，即使男人主观上希望帮助另一半达到满足，也需要通过练习来达到这个目标。

医学的最新进展在帮助男人保持勃起方面已经取得了很大的成功。虽然一些药物最初是为那些已经发展成为阳痿，即不能保持勃起的老年男性设计的，但现在一些年龄低至25岁的男性发现这些药物也可以强化他们的性体验。我已经向许多性行为过程中有保持勃起问题的客户推荐了这些药物。

高潮：狂喜还是焦虑？

高潮（或性高潮）被许多人认为是一种狂喜的体验，伴侣双方应努力同时达到高潮以获得最大的愉悦。因为这种普遍的观点，许多人对高潮有了扭曲的看法，有些夫妻为了同时达到高潮的目标过度努力而失去了性行为本身的乐趣。夫妻感到焦虑而不是享受彼此往往是因为他们过于强调性能力，而不够重视性行为的乐趣。

知道如何达到高潮的女人距离高潮只有一小步之遥，需要的只是更多的时间和刺激。然而，向我咨询的一些女性告诉我，她们真的不觉得为了达到高潮而付出的努力是值得的。她们有时会达到高潮，但对没有高潮的性行为也非常满意，希望对方不要给彼此太多压力。我观察到，精力充沛的女性通常选择在性行为中达到高潮，事实上，她们在性行为中经常选择多次达到高潮。而那些精力普通的女性或经历一天操劳的女性往往选择不达到高潮。而男性无论精力如何，几乎总是选择达到高潮，这是因为对男性来说，达到高潮只需要很少的额外努力。

良好的性关系中，夫妻会充分考虑彼此的差异。关心妻子的男人不会给对方施加高潮的压力，因为他能够意识到，她不达到高潮时可能更享受性，是否达到高潮在性关系中的作用并不那么重要。

恢复：亲密感的余韵还是怨恨？

恢复期的另一种说法是亲密的余温，两人紧紧拥抱在一起，感觉到完全的满足。但是，由于男性和女性在高潮后的本能反应不同，这种理想状态对许多夫妻来说是难以达到的。

典型状况下，高潮后，女性会回到平台期，并且可以选择再次达到高潮。如果选择不再达到高潮，她会慢慢回到性唤起状态，最终回到不兴奋的状态。在这个过程中，女性会体会到一种深深的宁静感，并且通常会深深地渴望接下来的亲密接触。许多女性都表示，这种感觉可能在性交后持续长达1小时。

在恢复期间，大多数男性则不会有这种感觉。对于男性来说，第二次高潮不像第一次那样容易，因为这意味着更多的努力。对于大多数男性来说，在短时间内达到第三次高潮几乎是不可能的。与女性不同，男性在高潮后不会回到平台期。他通常会回到唤起状态，而且这种状态是短暂的。在高潮后的几分钟内，许多男人对性完全失去了兴趣。经常有男人会立刻跳起来洗个澡，或者翻过身去睡觉。许多蜜月之旅被这种不体贴的行为毁掉。

每对夫妻都必须自己解决恢复期的矛盾。如果她愿意的话，丈夫应该准备好通过手动刺激带给她另一次性高潮，或者继续和她耳鬓厮磨 15～20 分钟，不要浪费这个温暖而有意义的交谈时刻。妻子则可以尝试尽量不把丈夫突然低落的性兴趣视为对她的拒绝。她需要理解，他纯粹的生理性驱动在一段时间的身体禁欲后上升，并会在高潮后不久下降。尽管他的性欲瞬时降到了低点，但这并不意味着他不再爱她。如果他在恢复期间保持亲密，则证明了他对她的关心不仅仅与性相关。

常见的性问题：性厌恶和性比较

虽然性问题在许多婚姻中引发了夫妻关系的紧张，但解决这些困难可能比想象中要容易得多。在大多数情况下，这类问题只要人们愿意学习所需知识并一起实践就可以解决。许多人问我："我们如何学习？"

你们是彼此最好的老师。从彼此的反应中相互学习。为了确保你们的学习经验愉快且安全，永远不要强迫对方做任何不愉快的事情。如果能够通过性生活表达对彼此的关心，你们将会获得任何书籍或课程都不能教给你们的性技巧。

如果你们在性行为过程中遇到任何疼痛或不适，或者突然对性失去兴趣，泌尿科医生或妇科医生通常可以通过医学检查和提供医疗方案来帮助你们。正如我之前所说，要避免任何引起疼痛或不愉快的性体验。性应该是双方共同享受的体验。

我的咨询在这方面帮助到了大量伴侣，许多70多岁的夫妻接受咨询后在几周内解决了他们的问题，许多人在结婚40年或50年后首次体验到性的满足。这听起来颇有点讽刺意味，也有点让人难过。"这对我们的婚姻本来会有多大的改变啊！"我常常听到他们这样说。当知道他们终于解决了长期存在且令人沮丧的婚姻问题时，我为他们感到高兴，但同时也为他们感到遗憾，因为他们本不需要经历这些愧疚、愤怒和抑郁的情绪。

性厌恶

性厌恶是由于夫妻间一方强迫另一方进行性行为，即所谓的"婚内强奸"引发的。这是一种非常真实的身体和情感反应，通常非常痛苦，可能导致受害者经历剧烈的疼痛、恶心甚至呕吐。当被迫做不情愿的事时，人们都有负面反应，而当涉及性行为时，这种负面反应更加令人无法承受。

当一对夫妻来到我的办公室寻求性关系方面的帮助时，我经常发现妻子有性厌恶的症状。不管是什么原因，妻子对所有形式的性行为都呈现出非常负面的反应。虽然有时这种反应纯粹是生理上的，但它通常也是情感上的。对于这些女性，以及一些男性来说，性行为是一场绝对的噩梦。有时，性厌恶不完全是丈夫的错。妻子可能觉得有义务进行性行为，于是可能会默默地忍受丈夫觉得愉悦的任何事情，直到痛苦变得难以忍受。

如果对你们中的任何一方来说，性行为是痛苦或不愉快的，立即停止做爱，并讨论可能出了什么问题。在找到问题的根源并解决之前，不要再开始。如果在厌恶产生之前纠正了问题，你们会很快回到相互享受的性生活。但如果任由性厌恶加剧，那么可能需要数周甚至数月的时间才能回到正常的性生活。

性关系的独占原则

当比较任何两种经验时，一种经验必然会使另一种显得乏味，心理学家称之为"对比效应"。因此，在进行性行为时，享受彼此的最佳方式之一是消除竞争。

当有人告诉我婚姻中的性行为是乏味的时，我立刻怀疑对方有所比较，这可能意味着对方通过观看色情影片甚至外遇满足了自己的性需求。但许多其他非婚姻的性行为形式也可能进入夫妻的生活。因此，我制定了一个规则来帮助夫妻保持他们的爱情活力，我称之为"性关系的独占原则"。

> 永远不要参与任何没有另一半参与的性行为。

色情影片是夫妻之间的最大风险，因为它在什么是性行为和应该与谁进行性行为方面给了公众完全错误的印象。如果夫妻间的所有性体验，包括自慰，都仅仅有彼此参与，他们对彼此的性吸引力将保持稳定。但如果其他人的形象影响了他们的思维，那么他们之间的性行为可能会令人不满意。

性欲解码：性犹豫背后的原因和应对方法

正如我在本书中一再强调的，不是每个人都具有"普通"男性或女性的典型需求。书中界定的大多数男性的情感需求，在某些情况下可能是某些女性最重要的情感需求。很多时候，实际上是妻子渴望性，而丈夫犹豫不决。在这样的情况下，男女之间的三种性差异值得仔细分析。当某个丈夫不愿意发生性行为时，通常是因为这些差异中的一个或多个不是这对夫妻的特点。

通常，我首先分析第一个差异：性欲。丈夫的睾酮水平是否下降到他不再渴望性的地步？如果是这样，睾酮补充剂可以解决问题。我的许多年过50岁的客户选择了这种解决方案来增加他们的性兴趣。另一个影响男性性欲的因素是自慰。由于大多数男性在高潮后性欲大大降低，即使偶尔自慰的男性也常常对婚姻中的性生活表现出较少的兴趣。这就是为什么我警告男人避免任何没有妻子参与的性体验，尤其是看色情影片。如果一个男人的妻子是他唯一的性满足来源，他通常会有动机尽可能频繁地和她进行性行为。

第二个差异：性意识。性意识有时可能是男性不愿意发生性关系的罪魁祸首。对大多数年轻男性来说，性毫不费力，他们经常会认为这样的性反应将伴随他们终生。然而随着年龄增长，他们会发现自己在维持性兴奋方面有困难，甚至阳痿，这意味着他们在做爱时勃起困难。他们很难获得预期中愉快的性体验，反而遭受性失败的侮辱。这种失败反过来又强化了他们的性犹豫。改善性表现的药物是解决问题的一个方法。但对这些男人来说，我更推荐尝试不同的体位和性技巧，直到找到一个足够稳定可以触发性唤起的方法。

第三个差异：性动机，也可能在任何一方的性犹豫中发挥作用。对很多男人来说，即使他们的性欲正常，一场争吵也会毁掉他们对性的渴望。而许多夫妻每天都在争吵。其实和很多女性一样，男性也希望通过性爱增强彼此的亲密联结。男人不会想在他的妻子提要求、不尊重或表达愤怒时发生性行为，那样的时候他只想寻找避难所。

对丈夫的性犹豫进行分析可能会揭示他在性欲、性意识、性动机方面存在的问题。一旦完成了这种分析，就可以确定并着手解决他的问题。丈夫满足妻子的性需求与妻子满足丈夫的性需求一样重要。

黄金法则：以自己希望被对待的方式对待他人

几乎所有的文化和时代都知道"黄金法则"："你希望别人怎样待你，你也要怎样待别人。"当你思考到目前为止所提到的概念，并展望其他7个情感需求时，请考虑对这个黄金法则进行微调。

> 满足你另一半的情感需求，就像你希望你的另一半满足你的需求一样，以质量、数量和互惠为准则。

夫妻双方提供的关心通常是不同的，因为双方的需求通常是不同的。关怀之爱更多体现在你满足对另一半重要而对自己不那么重要的需求上。

思考和探索

给她的问题

1. 男女之间主要的 3 种性差异是否在你们的关系中有所体现？你们是否已经解决了这些差异，以创造互相满足的性体验？
2. 丈夫是否暗示他有权和你发生性行为，因为他承诺你们之间的性关系是完全排他的？如果是，你是否曾经告诉他这种权力感可能导致你的性爱体验变差，甚至让你想要避免性爱？这意味着他忽视了你的哪些需求？

给他的问题

1. 男女之间主要的 3 种性差异是否适用于你们？你们是否已经解决了这些差异，以创造互相满足的性体验？
2. 你是否因为与妻子建立了专一的性关系而觉得自己有权和妻子发生性行为？这种权力感是否曾经阻止你采取必要的行动来激励她更经常地进行性行为，甚至阻止她获得更加亲密或者愉悦的性体验？
3. 女人会被丈夫的爱、关心、温暖、善良和温柔唤起。你是否始终努力培养和表现这些品质？你认为妻子会如何回答这个问题？

共同的问题

1. 请相互讨论上述问题的答案，并分享对"我警告男人避免任何没有妻子参与的性体验，尤其是看色情影片"这句话的看法。
2. 在 1 到 10 的范围内，其中 10 表示"非常满意"，你们如何评价你们性反应的 5 个阶段？意愿 ____ 唤起 ____ 平台期 ____ 高潮 ____ 恢复 ____
3. 你认为可以采取什么措施来改善这 5 个步骤中的体验？

第 6 章

休闲陪伴：共享生活的乐趣

"嗨，辛迪，我是艾伦。"

"你好！真高兴你打电话给我。"她的声音听起来温暖而愉快。

"我有星期六 UCLA 棕熊队的球赛门票，在玫瑰碗，你想和我一起去吗？"

"听起来很棒！什么时候？"

他们约定了时间，微笑浮上了艾伦的脸庞。在过去的 4 周里，他们已经出去了两次。这是第一次"体育约会"，他很高兴她听起来也对体育这么有兴趣。他们玩得很开心。看起来辛迪对橄榄球有足够的了解，她知道比赛中发生了什么，他们看完比赛甚至还在咖啡店讨论了一些相关的八卦。

那个秋天，除了看了五六场电影，他们还观看了几场比赛。辛迪的电影品位也让艾伦满意，恋情进展得很顺利。到了冬季，艾伦确信他终于找到了合适的女孩。那个周末，他的心中更加确定了，但他的车坏了无法赴约，所以不得不打电话给辛迪解释。

"亲爱的,很抱歉。我的车坏了,我今天下午必须去修车,这样星期一才能开着上班。"

"哦,没关系。我可以搭室友的车过去帮你,我会带咖啡和三明治。"

修车成了他们迄今为止最好的约会之一。辛迪给艾伦递工具,他们一边干活儿一边聊着最新的汽车模型。艾伦心想,这个女孩真的很特别。

他们把婚礼安排在5月的第一周,蜜月去山上远足,夏天愉快地去了几次海滩,一切都进展得很顺利,直到橄榄球赛季。辛迪在最后一刻放弃了和艾伦一起看加州大学洛杉矶分校对阵亚利桑那州立大学的比赛。到赛季结束,她只和他一起看了两场比赛。所以,12月初的某天晚上,艾伦向辛迪抱怨道:"我以为你喜欢橄榄球……"

"亲爱的,我确实喜欢。但我可能并不像你那样喜欢它。对我来说一个赛季看两场比赛就够了。"她回答。

"哦。"艾伦平淡地说,不确定如何处理这一新的、出乎意料的信息。

"我一直想问你,"她继续说,"这个月县艺术博物馆有一次西班牙文艺复兴画展。你会和我一起去吗?"

"嗯,当然,我想会吧。"艾伦回答。

在接下来的一年里,艾伦发现他们几乎没有任何共同的兴趣爱好。辛迪对汽车的兴趣几乎在一夜之间消失，她甚至很难陪他去看一场橄榄球比赛。与此同时，她坚持让他带自己去更多的艺术博物馆，偶尔去听音乐会或歌剧。渐渐地，他们很少在一起做什么，除了偶尔一起出去吃饭。

在结婚两年后，他们达成了一项协议，他每周会花一个晚上或一个下午和朋友们去观看体育赛事，而她会和朋友们做她最喜欢的事。实际上艾伦更希望能和辛迪一起度过更多的"快乐"时光，但辛迪似乎对这种安排很满意。

艾伦感到伤心和困惑，他经常问自己："是什么改变了她？"

很多人不知道：共同的娱乐活动有多重要

在咨询中，我听到了许多类似的经历。当然，辛迪从未真正改变。

单身时，男人或女人常常会因为被吸引而参与对方的兴趣活动。他们可能会陪对方参与各种活动，甚至可能会观看自己不会选择的电影。但是在结婚后，人们通常不太可能参与那些他们不喜欢的活动。他们不再觉得这是必要的，因为他们不再需要这些活动作为聚在一起的方式。

婚姻中的一方可能会尝试引起另一方对婚前活动的兴趣，但是如果尝试失败，他们通常会独自进行这些活动，或与其他人一起找乐子。另一半通常也会鼓励他们这样做。

男人对娱乐活动的重视程度常常超出预期。当男人约会时，双方是否有共同的娱乐活动通常是关键标准之一，他们假设未来的新娘将成为他们终身的娱乐搭档。在大多数情况下，女人和男人有同样的娱乐兴趣会在男人的情感银行中存入大额爱意金币，最终有助于他们步入婚姻。

如果妻子在结婚后宣布她不再有兴趣参与丈夫最喜欢的活动，并且建议他与朋友一起享受这些活动，这不仅会让丈夫感到惊讶，也会让她的情感银行账户余额迅速减少。

大多数男人非常珍惜他们的休闲时间。他们做计划、满心期待，并且通常会花费不少钱让这些活动更加愉快。电视中的刻板印象常常显示丈夫们与朋友外出钓鱼并说："没有什么比这更好的了！"但我的咨询经验表明，如果妻子可以提供丈夫最期待的休闲陪伴，情况会变得更好。实际上，在婚姻中 10 个最重要的情感需求中，与妻子一起度过休闲时光在丈夫心中排在第二位，仅次于性满足。这项情感需求重要到让我认为这是一个必须满足的需求，它能维持男性在婚姻中的浪漫之爱。

可能会有人质疑我的观点，说他们认识很多婚姻幸福的夫妻兴趣爱好完全不同，但这些人不一定真的了解那些夫妻最真实的样子。我曾接受过一些夫妻的咨询，他们在离婚的那一刻之前都维持了很好的形象，成功地隐藏了自己最深的需求，直到关系分崩离析，一切都来不及了。

有时，兴趣爱好掩盖了深层的个人需求。从本性上说，男人和女人在寻找乐趣时似乎有不同的口味。许多男人喜欢更多涉及冒险和暴力的休闲活动，而女人可能不那么喜欢。男人喜欢的典型活动包括足球、拳击、狩猎、钓鱼、滑翔、潜水、雪地摩托和跳伞等，他们倾向于喜欢带有性和暴力的电影，他们不介意在娱乐活动中出汗、变脏、身体产生异味或打嗝。而许多女人认为这样不愉快，甚至很低俗。据统计，女人更喜欢参与较为安静的活动，如观看浪漫电影、参加文化活动、外出午餐或晚餐、跳舞和购物。相比活动本身，她们更重视社交互动，与她们在一起的人通常比她们要做的事情更重要。对大多数女人来说，一次好的对话就是很好的娱乐活动。

男女之间最经典的矛盾是，女人试图"整顿男人的行为"，让他刮胡子、穿着更整齐、说话更温柔等。当她介入他的娱乐活动时，他可能会认为她想破坏他生活中唯一感兴趣的事情。他仍然爱她，但她开始限制他。为了避免这种情况，他越来越多地只和男人待在一起，这样他就可以毫无拘束地做他最喜欢的事，但这也意味着失去了妻子的陪伴。而她则错失了一个向情感银行存款的好机会。

渐行渐远：陪伴缺失的结果与外遇的风险

在我们的开篇故事中，艾伦对辛迪的变化感到失望和疑惑。在一些婚姻中，像艾伦这样的男人只是单独去看球队比赛，尽量接受这一切。和很多男人一样，艾伦和一些朋友加入了一个棒球联盟，在那里他遇到了希拉里，希拉里非常喜欢各种体育运动。他们在分享棒球小知识时一起喝了杯咖啡，不知不觉，在棒球联赛持续的几个月中，他们成了好朋友。

如果艾伦不够慎重，他会与希拉里发生一段外遇。希拉里承诺可以陪伴他参加所有的娱乐活动，他没有意识到娱乐活动对自己的情感银行的影响，最终，他没有为守护他的情感银行设定边界。如果这个故事继续这么发展下去，艾伦会和辛迪离婚，然后和希拉里结婚。你猜对了，到那时，希拉里可能突然觉得音乐会或者购物比橄榄球或棒球更有趣。这种令人讽刺的循环会反复困扰那些用外遇、离婚和再婚去解决问题的男人。

我必须强调，在这种情况下，人们通常不是出于愤怒或报复而选择外遇。艾伦因辛迪的行为变化而受伤，但他并不怪她回归真实的兴趣。这一切的危险在于他们两人只是继续渐行渐远。这种普遍的模式在最坏的情况下可能导致外遇和离婚，明智的夫妻会在他们的婚姻中避免这种趋势，或者会在这种趋势刚开始时就立即纠正它。

在一起：珍惜共度时光才能共赴一生

我理解艾伦和其他男人所面临的困惑。随着时间的推移，他们的妻子不再参与他们曾一起享受的休闲活动。我也有过这种经历。例如，我年轻的时候喜欢国际象棋。我从4岁开始一直下棋，最终成为大学俱乐部的主席，是俱乐部中第一梯队的选手。

结婚后，我放弃了国际象棋比赛，因为乔伊丝不下象棋也不想学。国际象棋非常耗时，尽管我很喜欢它，但我决定我们可以更好地花时间做我们都喜欢的事情。我以为我们都喜欢网球，因为在恋爱期间我们一直一起打网球。但在结婚的第一年，乔伊丝宣布："比尔，我现在不那么喜欢网球了。我想我更喜欢以其他方式和你共度时光。"

乔伊丝对网球态度的转变让我完全措手不及。我们结婚前恋爱了6年，我以为她和我一样喜欢网球。我没有意识到她打网球只是为了和我在一起。我们结婚后，她觉得既然我们已经在一起了，就不需要做她不喜欢的事情了。所以在我们的婚姻初期，乔伊丝做了正确的事情，她让我知道网球不是她最喜欢的活动，她更希望我们一起做其他事。

这是我在我们的婚姻中面临的一个非常重要的选择。我本可以像许多人那样继续和别人一起打网球。当时，只要新伙伴是我的朋友史蒂夫，乔伊丝就可能会同意这个解决方案。但我没有做出那样的决定。相反，我选择了一条不同的路径：彻底把网球抛诸脑后，找到了乔伊丝和我都能一起享受的新活动。我们开始打排球，并且在一个队里打比赛。我们也努力寻找对电影、戏剧、音乐会、外出用餐、锻炼和欣赏大自然的兴趣。

因为我们在追求共同的娱乐活动，因此几乎共同度过了所有的休闲时光。如果我坚持下国际象棋或打网球，让乔伊丝走她的路，结果可能会完全不同。我们会渐行渐远，每个人只能独乐乐。

为夫妻提供咨询时，我强调，一方有单独的娱乐活动是多么错误的选择。他们没有共度欢乐时光，也不能向对方的情感银行稳定地存入爱意金币，错过了绝佳的存款机会。他们在别人的陪伴下度过了一些最愉快的时光，有可能与那个人建立情感银行账户。当另一方不是彼此最喜欢的休闲伙伴时，他们不仅有可能失去彼此之间的爱，还有可能爱上别人。

如果你想拥有充实的婚姻，你最喜欢的休闲伙伴必须是另一半。

找到共同兴趣：休闲娱乐清单测试

当我向人们解释共同娱乐活动的重要性时，有些人很容易找到一起做的事情。但是，其他人却完全不知所措。他们或者宣称："我们实在是太不同了。再说，他根本不愿意放弃打高尔夫。"或者宣称："她绝对会继续参加星期二下午的读书俱乐部。"

为了帮助他们克服这种悲观的态度，我请他们想象每个人身边有一个无形的圈子，其中囊括了这个人的休闲活动和兴趣爱好。这样的休闲兴趣有数千个，有些是已知的，有些还没发现。他们可能有数百个共同的休闲兴趣。再次强调，他们可能对其中的一些略知一二，但可能对大部分的共同爱好几乎一无所知。他们只需要从这数百个重叠的兴趣中找到一小部分，因为他们没有时间做所有的事。只要他们找到 5 个或 10 个共同爱好并且共同度过这些娱乐时光，他们就会成为彼此最喜欢的休闲伙伴。

为了发现这些共同的休闲兴趣，我鼓励夫妻完成"休闲娱乐清单"（见附录 C）。这是一个包含 100 多个休闲活动的列表，每个活动的评分范围是从 −3（非常不愉快）到 +3（非常愉快），表示其受喜爱的程度。夫妻也可以向列表中添加活动并为其评分。完整的列表包括多达 130 项活动，丈夫和妻子对每个活动都进行打分。完成练习后，夫妻可以找到 10 项或者 15 项双方都认为比较愉快的活动（至少 +2 分）。接下来的几周，我要求他们把这些活动安排到共同的娱乐时间里。其中一些选择可能是他比她更喜欢的，反之亦然，但在每种情况下，他们都会一起度过快乐的休闲时光，同时在情感银行中存款。最终，他们选择了大约 5 项他们最喜欢的活动。

没有人可以做他们想做的所有事情。时间就是不够用，所以每个人都必须做出选择，那为什么不选择双方共同爱好的活动呢？

从共处到共鸣，成为彼此的最佳伴侣

当夫妻制定共同的娱乐清单时，总会有很多惊喜的发现。这个清单可能包含一些双方之前都没有尝试过的活动，这些活动听起来可能很有趣。也有可能最终的清单中有一些双方没意识到的共同喜欢的活动，他们之前都以为另一方不喜欢做这些事。

还有一个经常让夫妻们感到意外的事情：他们发现另一半实际并不享受某些共同的娱乐活动，那应该怎么办呢？

乔伊丝和我结婚后，她知道该怎么处理网球：把它从我们的生活中剔除。但有很多妻子可能不会做出这个决定，她们会继续和丈夫一起打网球，牺牲自己的快乐来让丈夫快乐。换句话说，为了满足丈夫的情感银行存款，她要从自己的情感银行取款。

丈夫通常也会尝试和妻子一起做只有她喜欢的事情。在这种情况下，他并不是在从事最喜欢的活动，妻子也不是他最喜欢的休闲伙伴。他还有其他更喜欢的活动，而和他一起享受这些活动的人成了他最喜欢的休闲伙伴。如果那个人是女性，他的婚姻就面临风险。即使他的伙伴是男性，妻子也错过了一个可以在情感银行存入大量存款的绝佳机会。

如果人们还没有学会如何与另一半共同开展娱乐活动，我有一个激进的建议：

> 只参与你和另一半可以共同享受的休闲娱乐活动。

我解释说，他们最终可以参与共同活动之外的活动。但在他们成为彼此最喜欢的休闲伙伴之前，必须一直在一起度过所有的休闲时间。这个任务很艰巨，因为它排除了双方可能共同在做的一些活动，也排除了只有一方享受的活动。尽管如此，对于那些还没有学会一起享受娱乐活动的夫妻，我还是坚持这一规则。

你可以想象一些人的反应。他们震惊于我竟然会这样提议。这意味着什么呢？例如，如果妻子不喜欢和丈夫一起看球赛，丈夫可能不得不放弃星期一晚上的橄榄球。他们曾经以为我会鼓励妻子加入他们最喜欢的娱乐活动，现在发现完全不是这样。我承认在这一点上我失去了一些人的信任，许多人都觉得我过于激进了。

但深入思考之后，你可能至少会在原则上同意我的建议。如果你能找到你和另一半可以一起享受的休闲活动，就像你现在最喜欢的活动一样，它肯定会增强你们之间的感情，这就是我追求的目标。更重要的是，你要选择提高你的婚姻质量还是选择星期一晚上的橄榄球？在某些情况下，这就是你必须做出的选择。

然而，这个只从事双方都喜欢的活动的任务并不意味着痛苦和失去。对我来说，它只是意味着在选择我喜欢的娱乐活动时考虑乔伊丝的感受。当我们可以一起享受时，为什么我要以牺牲她的享受为代价而独自享受呢？

尝试新事物，获得长期收益

有许多理由说明为什么夫妻应该寻找共同的休闲娱乐活动。

第一个理由，这样做反映了夫妻双方对彼此的关心和爱。如果一个人放弃了自己的快乐以便对方得到满足，这意味着另一个人愿意以自己另一半的损失为代价来获得收益。在我的婚姻中，乔伊丝和我都不接受对方的牺牲，因为我们关心彼此。

第二个理由，这样的选择是经得起时间考验的。你和另一半一起享受的任何事情都很可能再次去做。你想要更多的亲情吗？那就用你们都喜欢的方式向彼此表达爱意。你想有更深入的对话吗？那就以双方都喜欢的方式亲密地交谈。你想更经常地进行爱的互动吗？那就以双方都喜欢的方式进行爱的互动。如果你想要花更多的时间陪伴彼此，那就要确保你们共同选择了彼此都很喜欢的休闲娱乐活动。

第三个理由，与另一半共同进行这些活动确保了在彼此的情感银行里存款，特别是男性。当我参与娱乐活动时，我感觉很棒。如果我与乔伊丝分享，我会把那些好的感觉与她联系起来，这维持了我对她的爱。

许多人，特别是丈夫会发现我的建议很难实践。仅仅是放弃他们最喜欢的活动，比如狩猎或高尔夫，就会让一些男人感到抑郁。我可以理解，因为男人需要休闲娱乐来给自己充电，而我的建议使他们不得不告别那些帮助他们保持活力的事情。

然而，我依然要鼓励这样的男人试试我的计划，只要尝试几个月即可。我提醒他们，我没有让他们放弃娱乐活动，只是建议他们用共同的娱乐活动来取代单独的娱乐活动。做出这些改变时，妻子应该注意到，打破过去的习惯可能会使她的丈夫感到失落。起初，他可能会非常想念单独的娱乐活动，这时妻子可能会怀疑自己犯了严重的错误。尽管想要他的陪伴，但她并不想强迫自己的丈夫。在他们第一次共同开始某个新活动时，她可能忍不住想让他回到过去的习惯，因为她感到内疚。

但是最终丈夫会发现，独乐乐不如众乐乐。这是因为当她满足了自己的休闲陪伴需求后会更容易满足他的其他情感需求，比如性满足。

如果试了一两次之后发现这项活动并不令人愉快，也请不要放弃，花些时间去获得一些技能。比如，一位妻子开始尝试滑雪来取悦对方，她需要时间来锻炼肌肉并通过学习来练习技巧。如果丈夫逼得太紧，她可能会开始怨恨并且很快放弃。但如果他有耐心，她可能会发现这项运动的有趣之处。如果这位妻子尝试滑雪并且学习了一些技能，但仍然不喜欢它，她也有自由告诉对方："我已经尝试过了，但仍然不喜欢。我们尝试一些其他的东西吧。"

给自己时间去尝试和适应新的活动，你们可能会遇到困难，但也会发现这非常值得。我从咨询经验中发现，那些遵循这一准则的伴侣在休闲相容性上取得了巨大的进步，他们还在彼此的情感银行中存入了大量爱的资金。

选择合适的娱乐活动，全然关注彼此

在第 2 章中，我鼓励夫妻每周至少花 15 小时专心地关注彼此。在这段时间里，夫妻应该满足彼此对爱与关怀、亲密对话、性满足和休闲陪伴的深层情感需求。我鼓励夫妻每周有 15 小时的专注时间。

女性对浪漫体验的定义与男性不同。对大多数女性来说，一个浪漫的夜晚满足了她对爱与关怀、亲密对话的情感需求，也许是一顿晚餐，是跳舞和在月光下散步，或是充满爱意的交谈。而男性则在性满足和休闲陪伴中感到浪漫。他们甚至可以在看电视足球赛的中场休息时间发生性行为。在这些情境中，两种对浪漫的观点都不适用于异性。所以在结婚前，大多数男人和女人将这4种需求结合成浪漫的体验。这样，他们的需求都得到了满足。

婚后，人们却变得懒惰，想走捷径。一方面，女人会找时间满足爱与关怀、亲密对话，但可能太忙或太累，没有时间或精力满足丈夫对性满足和休闲陪伴的需求。另一方面，男人几乎可以为性满足和休闲陪伴放弃任何事情，却无法在繁忙的日程中腾出时间满足妻子对爱与关怀、亲密对话的需求。

不要在婚姻中犯这个错误。你们都应该满足彼此的情感需求，因为需求不同，你会容易忽视对方的需求。如果在一次约会中同时满足这4种需求，双方都会认为这是一次浪漫的体验，并且彼此的情感银行都会增加存款。

某些娱乐活动不能被视为15小时的一部分，因为这些活动本身需要太多的注意力，不符合全然关注的要求。这并不是说你们不应该一起参与这些活动，只是考虑在你们的专注时间里做什么时，请确保这项活动不会使你们分心。例如，如果你将大部分注意力集中在一部电影或一档电视节目上，那么这项活动就不应被视为你专注时间的一部分。但如果在观看节目的过程中你们在向彼此表达爱意，而你们的注意力主要集中在彼此身上，那么它就可以算作15小时的一部分。任何允许你们在参与活动时进行爱与关怀、亲密对话甚至性满足的休闲陪伴都是好的选择。

跳舞、纸牌游戏、徒步旅行、划船，甚至一起在健身房锻炼，都是借助娱乐活动提供专心关注的夫妻的最爱，但不要在这些活动中引入朋友或孩子的参与，他们会使你们分心。在这15小时里，你们应该全然关注彼此。

我的这个建议并非不切实际，也没有那么痛苦。事实上，只要你们相爱就能做到，这个建议只是帮助你们的亲密关系迈上新台阶。记住那句古老的格言："能玩到一起的人才会一直在一起。"

思考和探索

给她的问题

1. 你是不是丈夫最喜欢的休闲伙伴？如果不是，为什么？
2. 你是否不太愿意鼓励你的丈夫暂停一些他的休闲活动，直到你成为他最喜欢的休闲伙伴？如果是，怎样克服这一点？
3. 丈夫会参加你最喜欢的休闲活动吗？如果他不喜欢的话，你愿意暂停那些活动，寻找你们的共同爱好吗？你认为他愿意做同样的事情吗？

给他的问题

1. 你是不是妻子最喜欢的休闲伙伴？如果不是，为什么？
2. 你珍惜你的休闲时间吗？如果是的话，妻子的加入会让你更放松还是更有压力？如果更有压力，她可以做什么让你感到更放松？
3. 妻子会参加你最喜欢的休闲活动吗？如果她不喜欢的话，你愿意暂停那些活动，寻找你们的共同爱好吗？你认为她愿意做同样的事情吗？

共同的问题

1. 使用"休闲娱乐清单"（见附录 C）来帮助你们发现双方都喜欢的活动。
2. 在确定了你们都喜欢的活动后，安排时间尝试每一项活动，将它们缩减到你们最喜欢的 5～10 项。
3. 尝试我的"激进任务"：只参与你和另一半可以共同享受的休闲娱乐活动，直到你们成为彼此最喜欢的休闲伙伴。
4. 规划你们的 15 小时专注时间时，尝试每次约会时都满足所有 4 种亲密需求：爱与关怀、亲密对话、性满足和休闲陪伴。你会发现每次约会大约需要 3～4 个小时，就像你们刚恋爱时那样。

第 7 章

开诚布公：安全感和信任的基石

妮科尔对特德的神秘感既困惑又着迷。她从未遇到过如此注重隐私的男人。特德经常回避她的问题，约会快结束时，她可能会问他接下来要去哪里或计划做什么。他只是眨眨眼，微笑着说："我明天给你打电话。"

特德的行为似乎有点奇怪，但妮科尔告诉自己，每个人都有隐私。特德当然有权保留一些事情。

事实上，特德确实有一些事情没告诉她，主要是其他女朋友的存在。当他不能轻松地回避妮科尔的问题时，就会费尽心思地误导她，告诉她他在工作中必须完成的一些并不存在的项目。他真正的"项目"则是与其他女人约会。妮科尔有时会怀疑他，但特德对隐私的强调让她在怀疑他时感到内疚。

特德具备了妮科尔想要的许多特质，他既浪漫又迷人。当她与这样一个高大、英俊的男人一起走进派对时，其他女人都向她投以羡慕的目光。锦上添花的是，特德收入很高，对她也十分慷慨。当特德求婚时，这些优点远远超过了他的"我需要隐私"这一缺点。

"等我们结婚后,他会告诉我一切的。"妮科尔这样想。

事实证明,特德的行为在婚后并没有改变。实际上,这似乎成了更大的问题,因为现在他们住在一起,而特德想要保护个人隐私的愿望更加强烈。

有趣的是,这种对隐私的需求并不意味着特德还在和其他女人约会。他一做出结婚的承诺就放弃了其他女朋友,选择"稳定下来"。但是,他仍然想什么时候下班回家,就什么时候回家。由于他的工作时间不固定,妮科尔很少能提前计划。

特德会打电话,但只会说:"我会迟到,可能六点半,但不确定。"妮科尔很快就意识到她和那些"必须在烤箱里保温晚饭"的女人一样。特德的个人魅力仿佛消失了。

提到制订计划时,他话很少。"我可以邀请摩根夫妇星期六晚上来吃晚饭吗?"妮科尔问。"不确定,"特德回答,"我得看看。这周我很忙。"

就这样,妮科尔感到很挫败,继而感到抑郁。特德一直忠诚,实际上他真的没有什么可隐藏的。然而,由于某种只有他自己知道的原因,他不想与妮科尔分享自己在做什么或想什么。

"人们常说在婚姻中两人会成为一体,"妮科尔告诉她的朋友梅格,"但如果特德不与我分享他的想法,我们真的无法成为一体。我问过他是否愿意跟我一起去和咨询师谈谈,但他不想听,也不希望我自己去。他告诉我,如果去咨询的话,别人会发现我们有问题,然后误解我们。我在想他外面是否有别的女人。"

坦诚沟通的力量：消除误解与隔阂的钥匙

安全感串起了大多数女性的 5 大重要情感需求。如果丈夫不与妻子保持开诚布公的沟通，他就会破坏她的信任并最终摧毁她的信心。

为了感到安全，妻子必须相信她的丈夫会告诉她他的情绪反应，会告诉她过去、现在和未来的准确信息。他感觉如何？他做过什么？他现在在想什么、做什么？他有什么计划？如果她不能信任他发出的信号（或者像特德那样，他拒绝发出任何信号），就没有基础建立一种稳固的关系。她不能适应他，而是总觉得自己失去了平衡。她无法与他一起成长，而是与他渐行渐远。

不能信任丈夫的妻子是没有谈判筹码的。谈判是婚姻成功的基本要素，但没有开诚布公作为前提，一对夫妻几乎不能解决或决定任何事情。在婚姻中隐瞒信息已经足够糟糕了，而当一方提供误导性的或彻头彻尾错误的信息时，那就是一场灾难。谎言是婚姻中最具破坏性的习惯之一。然而，在这一章中，我只关注特德的问题。他不一定是在撒谎，他只是把自己的思想、活动和计划藏在心里。他没有满足妮科尔对开诚布公的需求。

敞开心扉

我告诉来咨询的夫妻，透明度是成功婚姻中最重要的品质之一。夫妻之间不应该有任何隐瞒。你的另一半应该比任何人都了解你。但遗憾的是，在几次短暂的咨询后，我经常发现，比起他们对彼此的了解，我对他们的了解更多。我并没有预知能力，也不是特别擅长理解他人，但当我问他们问题时，他们都会给我诚实的答复。他们知道自己需要帮助，他们也知道，提供的信息越多，我对他们就越有帮助。

当夫妻二人都对我"坦白"时，我对他们两个人的了解甚至胜过他们彼此。多年来，他们都在对方设下的烟幕中盲目地徘徊。而他们和我交谈时不需要烟幕，真正的问题或议题就开始浮现出来。

在我见过的大多数情况中，通常不是妻子，而是丈夫隐藏更多。她通常会问他："你在想什么？""你感觉怎么样？""你打算怎么做？"妮科尔多次问特德这些问题，但没有得到任何满意的答复。实际上，特德通常都会以开玩笑的方式回答，他会毫不尊重地问："你是记者吗？你在写书吗？"

结果是，妮科尔对开诚布公的情感需求没有得到满足。几乎同样重要的是，她无法增进对特德的了解。结婚 5 年后，她还是几乎不了解他。

隐私

很多人问我："你说我必须对配偶开诚布公，难道这不是剥夺了我所有的隐私吗？"如果这个人说的隐私意味着隐藏自己的一部分，我坚决认为隐私不应该出现在婚姻关系中。我见过太多因为违反这条原则而导致的婚姻灾难。尽管你可能会觉得另一半有权阅读你的电子邮件或查看你的短信是一种威胁，但我相信这种开诚布公对于健康的婚姻是不可或缺的。

当我"保护隐私"时，我对妻子乔伊丝就显得不那么透明了。但乔伊丝是那个唯一需要最大程度了解我的人，我需要提供给她所有的信息，包括我那些不完美的地方。我不仅应该如实地回答她的问题，还应该避免"沉默的谎言"，并主动提供信息。换句话说，我必须尽可能地与她分享我自己。

相互坦诚的程度：袒露越彻底，理解越深入

在婚姻中开诚布公是绝对必要的。

第一个原因是，它为婚姻调整提供了清晰的路线图。彼此开诚布公的夫妻可以很快地识别出他们的问题，而且，如果他们知道如何协商，就能迅速解决这些问题。不透明会掩盖问题本身，也会影响问题的解决。你和对方共同拥有的事实越多，你们就越能理解彼此。你们彼此了解得越多，就越有可能找到解决冲突的办法。

第二个原因是，不诚实或以某种方式掩盖真相是极其令人反感的，会造成情感银行的巨额取款，从而破坏浪漫之爱。

第三个原因是，它满足了重要的情感需求。对许多人，尤其是女性来说，开诚布公会大大增加情感银行的存款，以至于女人会仅仅因为一个男人的诚实就爱上他。女性需要一个清晰的视角来了解对方的心灵。

大多数女性对开诚布公的需求非常高，因此我制定了一条规则，解释了夫妻在婚姻中应该在多大程度上坦白自己。我称其为"彻底诚实策略"。

> 向另一半披露关于你自己的尽可能多的信息：你的想法、感受、习惯、好恶、个人过往、日常活动和未来计划。

为了便于理解，我将这条规则细分为 4 个部分。

1. **情绪诚实**。披露你的思想、感受、好恶。换句话说，展现你对生活中的事件，特别是对另一半的行为的情绪反应，无论是正面的还是负面的。
2. **过往诚实**。提供关于你个人过往的信息，尤其要展示个人的弱点或失败的经历。
3. **当前诚实**。提供关于你一天中事件的信息。为另一半提供你活动的日历，特别强调那些可能影响你们二人的活动。
4. **未来诚实**。透露你对于未来活动和目标的想法和计划。

让我们展开来看看"彻底诚实策略"的 4 个部分。

情绪诚实

大多数伴侣都愿意尽最大努力使彼此快乐。但无论态度多么真诚，如果他们朝错误的目标努力，那么往往会误入歧途。

想象一下，一个男人每天下班回家的路上都给妻子买花。这么做真是太好了，除了他的妻子对花粉过敏。但由于她感激这件事，所以她从未向丈夫提及，只是默默地打喷嚏。然而，很快她开始害怕丈夫带花回家。与此同时，因为她总是感到不舒服，没有精力做任何事情，他开始对婚姻感到厌倦。但是，他既没有问她不适的原因，也没有告诉她自己的感受。

这对夫妻的婚姻遇到了麻烦，不是因为缺乏努力，而是因为他们缺乏诚实造成的无知。他认为带花回家是一件好事，但没有意识到花使妻子感到不适。假设他为了更多地表达对她的爱，带回越来越多的花，最终，她会倒在沙发上，气喘吁吁，周围都是花，而他根本不知道出了什么问题。

当然，这是一个荒谬的故事，但它描绘了许多伴侣在试图取悦对方时的误解。他们缺乏开诚布公，这使他们无法纠正真正存在的问题。

有些人，就像开篇中的特德那样，很难表达他们的情绪反应，特别是消极的反应。但是，在婚姻中，消极的情绪亦有其价值，它们是某些事情出错的信号。如果你成功地避免了亲密对话的敌人，即提要求、不尊重和愤怒，你对消极情绪的表达就可以提醒你和伴侣必须做出调整。

让我再强调一次，如果你能够不提要求，在尊重和不生气的前提下表达你的反馈，那么你的反馈将成为帮助双方相互理解的一个基本要素。反之，如果你以提要求、不尊重或愤怒的形式表达你的反馈，那么你传达的信息将不会达成相互的理解，它将传达出一种不愿理解对方的态度。

开诚布公使伴侣能够适当地调整，从而更好地适应对方，而适应是婚姻的核心。婚姻生活肯定会有各种变化，而你们必须学会因地制宜地做出调整，必须不断地适应彼此的变化。但如果你没有收到关于这些变化的准确信息，那怎么能知道如何调整呢？你会像一个仪表盘出了故障的飞行员，只能盲目飞行。伴侣需要从彼此那里获取准确的数据。没有这些，不愉快的情况可能会持续下去，就像那位过敏的女士家里堆积的花那样。

表达你最深的情感不仅能帮助你们正确地相互调整，还能向情感银行存款。妮科尔需要特德向她表达他的感受。这原本可以帮助他们形成情感的联结，让两人成为一体，但特德未能表达他内心深处的思想和情感，这使妮科尔感到自己被排除在了他的生活之外。

过往诚实

人应该完全掩藏过去吗？有人说是的。锁上门，把过去埋藏起来，藏起钥匙，安于现状，只有在非常必要的情况下，才和对方沟通过去的失误。但是，你的另一半有权知道、也需要知道关于你的所有过去。无论你过去有多少尴尬的经历或严重的错误，现在都应该与对方坦诚相待。你的个人历史中有关于你的重要信息：你的长处和短处、优点和缺点。如果另一半需要适应你，就应该理解你的所有经历，这样才能知道什么时候可以依赖你，什么时候你可能需要帮助。

你生活中的方方面面都不应该有任何秘密，你必须开诚布公地回答对方的所有问题。你过去的问题应该得到特别的关注，因为过去的问题往往会再次发生，比如一个有过外遇的男人特别容易再次出轨，一个有过药物上瘾史的女人将来可能容易滥用药物或酒精。如果你公开坦白自己过去的错误，对方就可以理解你的弱点，你们可以一起避免问题再次发生。

你不仅应该向另一半解释你的过去，还应该鼓励另一半从那些在你们相识之前就认识你的人那里了解你。与了解彼此过去的一些重要的人交谈，可能会对你们的关系有很大的启发。

我还鼓励你们彼此坦白过去所有的浪漫关系，包括对方的名字以及关系结束的原因。

"但如果告诉妻子我做过的事，她就再也不会信任我了。"

"如果我丈夫发现我的过去，他会受伤害的，那会毁了他对我的整体印象。"

我从试图隐藏过去的客户那里听到了这些抗议。他们问："为什么要挖掘这一切？""为什么不让过去发生的事留在过去？为什么不放过那个小恶魔？"我回答说，那不是一个小恶魔，而是每个人生命中极其重要的部分，过去揭示了人们的习惯和性格。

但如果从那以后你没有再次犯错呢？如果你经常去见咨询师来约束自己的行为呢？为什么要让对方重新经历这些不必要的痛苦？

如果这是你的看法，我会认为你对伴侣评价不高，也不够信任对方。开诚布公不会把对方赶走，不诚实才会。当你隐瞒一些事情时，对方会试图猜测你隐瞒的是什么。如果对方猜对了，你就必须不断说谎来掩盖自己的行踪；如果对方猜错了，就会对你以及你的意图产生误解。

也许你真的不希望别人知道你真正的自我。但这很可悲，不是吗？你宁愿保守秘密，也不想体验生活中最大的幸福，那就是尽管对方知道你的弱点，仍然爱你、接纳你。

虽然暴露过去会使你的婚姻更稳定，但这个过程中不可避免会有一些痛苦。有些配偶很难适应隐藏了多年的事实或真相，他们以为自己和"圣人"结婚了，结果对方只是一个普通人。为了控制赤裸裸的事实带来的情感伤害，你最好在专业咨询师面前向对方表露这些事情。有些人可能需要一些个人支持来帮助他们适应另一半的过去。

然而，在我见过的案例中，伴侣对长期欺骗的反应比对得知被隐瞒的事实的反应更为负面。过去的荒唐可能会被原谅，但隐瞒和掩盖往往让人难以接受。在另一半发现之前主动坦白某些事情，能证明你在婚姻中的态度是很诚实的。你可能会觉得坦白过去是一个可怕的想法，这完全可以理解。但是，我向你保证，我从未看到婚姻毁于真相。真相可能会带来一些负面冲突和动荡，但最终会使婚姻变得更加坚固。相反，隐藏真相才会破坏亲密关系、浪漫之爱和婚姻。

当前诚实

在良好的婚姻中，双方变得相互依赖，分享每日日程对他们安排活动至关重要。而在糟糕的婚姻中，双方都不愿透露自己的日程，行程安排经常保密。他们隐藏自己一天的细节，同时自欺欺人："他不知道的事情并不会伤害他。""她不知道所有的事情会更快乐。"

让我们回想一下特德和妮科尔的情况。特德并没有"犯错"，他其实没有做任何让妮科尔感觉惊恐的事情。然而总是保密反而让妮科尔胡思乱想，她甚至怀疑特德有外遇。他未能满足妮科尔对开诚布公的情感需求，无法向情感银行存款，而妮科尔对他可能有外遇的怀疑导致情感银行被大量取款。如果他简单地向妮科尔展示每日日程，本可以增加账户余额。

请做到让你的伴侣在紧急情况下容易找到你，或者可以在白天联系你。请把手机放在身边，这样你们可以全天候互相联系了。

当前诚实保护了你的伴侣，使对方免受可能的有害倾向和不恰当活动的影响。当你知道你要告诉伴侣自己在做什么，就不太可能拥有我所说的"秘密第二人生"。远离麻烦最简单的方法就是把你所做的一切都展现在光明中。开诚布公就是那束明亮的光。

未来诚实

在我大力强调要揭露过去的失误之后，你可以想象我对披露未来计划的态度是怎样的。与另一半讨论未来计划更简单，但仍然有很多人单方面地为对方制订计划。为什么呢？

有些人认为，沟通未来计划只会给对方提供反对的机会。事实上，他们已经决定了某件事，并且不想让任何事情阻挡自己，但这是一种目光短浅的想法。如果你对自己的计划保密，可能会成功地避免现在的麻烦，但未来最终会到来，你的计划还是会暴露。而在那个时候，对方会因为两个原因受到伤害。首先，你在制订计划时没有考虑对方的感受。其次，你没有告知你的计划，情感银行肯定会被取款。所以千万不要忽视开诚布公的情感需求。

在第 2 章中，我鼓励夫妻每周安排时间，比如每周星期日 15：30 为接下来的一周安排 15 小时的专注时间。如果不安排专注时间，你们就不会有这段时间单独相处，也就无法满足彼此最重要的情感需求。这个安排还有另一个目的，就是回顾整周的计划。每个人都应该知道另一半的计划是什么，因为你们所做的几乎所有事情都会互相影响。你所计划做的事情要么会向情感银行存款，要么会从情感银行中取款。

测一测：你是否鼓励开诚布公

在本章中，我主要关注了丈夫们在开诚布公方面的问题，现在我想转向妻子们。你是否在潜意识中阻止丈夫开诚布公？更具体地说，你的价值观是鼓励还是阻止丈夫对你坦诚？当丈夫揭示的真相听起来很不愉快时，你的反应是鼓励还是阻止？想要测一测的话，请回答以下问题：

1. 如果真相让你非常不安，你是否希望另一半等你情感上准备好的时候再开诚布公？
2. 你是否保有你生活中的某些秘密，并鼓励另一半在这些方面尊重你的隐私？
3. 你是否喜欢在你和另一半之间营造某种神秘感？
4. 你是否有想要回避甚至保密的话题或场景？
5. 当另一半对你开诚布公时，你是否曾提出过自私的要求？
6. 当另一半对你开诚布公时，你是否曾做出不尊重的评判？
7. 当另一半对你开诚布公时，你是否曾表达愤怒？
8. 当另一半对你开诚布公时，你是否会一直纠结于对方的错误？

如果你在前4个问题中任何一个回答是肯定的，那么你可能并不太认同开诚布公的价值。你可能认为在某些情况下，你的婚姻少了某些信息反而更好。这个小小的裂缝足以满足一些丈夫在情感上保持距离的需求。你看，总是有"理由"不必完全坦诚。而一旦你允许一个理由悄悄溜进来，它就会邀请所有的朋友一起进来。

如果你对后面4个问题中任何一个的回答是肯定的，那么你在惩罚对方的开诚布公。帮助另一半学会透明的方法是，尽量减少他开诚布公的负面后果。如果每次真相被揭露时你的另一半都面临争吵，他就会调整做法。但如果你没有提要求，没有评判，没有愤怒，没有纠结于错误呢？如果你能消除这些亲密对话的破坏者，另一半与你保持开诚布公就会容易得多。

第7章 开诚布公：安全感和信任的基石

危机出现时开诚布公的作用

当婚姻中缺乏开诚布公以至于导致了外遇，你该怎么做？向另一半坦白会有帮助吗，还是会让情况更糟？常见的情景是，我给丈夫提供咨询时，他会直接告诉我他的外遇。但他不会告诉妻子，即使感到"非常内疚"。

随着咨询的不断深入，我建议他向妻子坦白。尽管很害怕甚至战战兢兢，他还是听从了我的建议。妻子的反应并不让人意外：愤怒、焦虑，最后抑郁。但在我的指导下，他仍然采取行动带给了她一些希望，他承诺采取特殊的措施，避免与那个女人有任何接触，并在未来对妻子保持彻底的诚实。他还同意按照我推荐的挽回方法重建彼此的关系。她开始看到，如果他遵守这些承诺，他们的婚姻可能得以继续。开诚布公可以帮助夫妻重新建立破碎的婚姻。

当一对夫妻试图度过外遇的困境时，我会要求他们对彼此彻底坦诚。他们必须对自己的想法或感觉毫无隐瞒。只有完全坦诚，忠诚的关系才能建立。如果他们在任何时候违背这一原则，就只会破坏重建的过程。

你可能会怀疑不忠诚的一方主动坦白是否明智。根据我的经验，这样的忏悔从来不是离婚的主要原因。有些夫妻确实因为外遇而离婚，但离婚的原因并不是诚实，而是其他事情。在这种情况下，被背叛的一方，无论是丈夫还是妻子，从最初的震惊中恢复过来后都会愿意考虑解决婚姻的问题。只是不忠诚的一方有可能不愿意遵循可选的挽回方案。

在第 14 章中，我将解释如何帮助婚姻走出外遇的阴霾。不忠诚的一方学会开诚布公，并且随着时间的推移证明自己确实做出了改变，双方的信任才能因此得到恢复。

一个习惯于遮遮掩掩的人可能会坚称，愿意坦白外遇这一行为本身就证明了自己已经改过自新。他们可能希望对方立刻再次信任自己，但这种事情不会发生。信任不是水龙头，说开就开，说关就关。相反，不忠诚的一方需要反复展示自己的变化才能获得信任。

正如之前提到的，我强烈建议夫妻每天向对方提供日程表，这样对方可以轻松验证你的话。夫妻应该能够通过手机找到和联系彼此。如果日程在一天中发生了变化，应该立刻通知对方。如果需要恢复信任，他们应该对自己的日程保持透明，避免任何尴尬。彼此信任的伴侣不会突击检查对方，他们对口头交代已经足够满意。但如果一方有过外遇，那就必须愿意让对方调查自己的行踪，这样才能重建信任。期望被背叛的一方在没有证据的情况下信任不忠诚的一方是毫无可能的，只有开诚布公才能恢复彼此间的信任。

在进入下一章之前，我必须就信任提出另一个非常重要的观点。虽然开诚布公对于建立信任是必不可少的，但我们的行为也必须是值得信赖的。如果想要被信任，你决定做的每件事都必须保护另一方的感情和利益。如果你一方面口头上开诚布公，另一方面却在行为上随心所欲，不考虑自己对另一半的影响，怎么能指望对方信任你？只有当你诚实、开放，并且每一个决策都考虑到对方的利益时，才能为彼此的信任打下坚实的基础。

女人需要信任她的丈夫，丈夫的开诚布公在很大程度上促使她能够这样做。一个男人不管是通过遮遮掩掩、自我封闭还是撒谎获得了什么好处，这种好处都是以牺牲妻子的安全感和婚姻的圆满为代价的。妻子必须感到丈夫是可预测的，双方的心灵应该是相通的，这样她就可以"读懂他的心思"。当丈夫变得如此透明时，她才会满足，两人才能合成为一体。

思考和探索

给他的问题

1. "彻底诚实策略"的哪些部分对你来说比较困难：情绪诚实、过往诚实、当前诚实，还是未来诚实？为什么觉得困难？
2. 你是否同意"婚姻没有隐私"的说法？也就是说，你是否同意夫妻双方都不应该对彼此隐瞒有关自己的事实？为什么呢？
3. 妻子鼓励还是阻止你开诚布公？她是通过自己的价值观还是对你诚实的反应来表现的，或者两者皆有？

给她的问题

1. 在你个人的需求层次中，丈夫的开诚布公有多重要？你是否同意开诚布公是婚姻中5大最重要的情感需求之一？为什么？
2. 丈夫是否让你很难理解？他是否对你隐瞒了他的思想和感情、个人过往、目前的活动或未来的计划？如果是这样，这让你有什么感觉？
3. 你希望丈夫在哪些方面对你更加坦白？你是否希望有更多的情绪诚实、过往诚实、当前诚实和未来诚实？

共同的问题

讨论上述问题的答案。它们是一个很好的测试，可以测出你们的婚姻到底有多坦诚。

第 8 章

外表吸引：爱的感官盛宴

当布丽塔尼和乔什开始恋爱时，乔什认为她真是一个大美女。她的身材、妆容、发型和衣着搭配都完美无瑕，几乎满足了乔什对女人的所有幻想。大约 8 个月后，乔什向布丽塔尼求婚，她答应了。

5 年后，当我为布丽塔尼和乔什提供婚姻咨询时，乔什告诉我："结婚后她做的第一件事就是辞职，然后整天待在家里，吃个不停。自从我们结婚以来，她增重了大约 45 千克。"

"你有没有对她说点什么？"我问。"我说过很多次。事实上，这是我们之间的一个敏感话题。但她只是说：'我希望你因为我是谁而爱我。如果你能无条件地爱我并接受我，我就可以轻松减肥。'但我说得越少，她增重就越多。"乔什继续说。

接下来我与布丽塔尼交谈，听她说说她的看法。她向我承认，尽管她和乔什相遇时身材处于最佳状态，但她一直与体重和自我形象斗争。她还承认，她从未与乔什深入地谈过这个问题。所以，当乔什对她长胖这件事表示关心时，她觉得自己受到了很大的伤害。

当然，有些男人不关心妻子的外貌。她可能超重或体重偏轻，这对他们而言并没有什么区别。他们有其他更重要的情感需求，那比外表吸引更重要。但布丽塔尼并没有嫁给这样的男人。事实上，她嫁给了一个把外表吸引当作最重要需求的男人。

也有些女人非常需要一个有外表吸引力的丈夫。我的另外两位客户贝丝和科里在上大学时都是田径明星。贝丝被科里的外表所吸引，当他们结婚时，贝丝设想他们会继续经常锻炼以保持身材。但结婚后科里并没有这样做。相反，他放弃了所有锻炼，不再关心外表，彻底变成了一个"沙发土豆"。

许多男人认为女人的情感需求是微不足道的，许多女人也认为男人的情感需求是微不足道的。但对于有这些需求的人来说，它们并非微不足道。布丽塔尼认为外表吸引力是微不足道的，因为她没有这种需求。所以她得出结论，乔什浅薄的价值观是罪魁祸首，如果他能成熟点，就会超越外貌看到她的心灵。

外表吸引与其他：伴侣的双向满足

当我把外表吸引列为大多数男性最重要的情感需求之一时，人们常常对我提出质疑。实际上，有些人告诉我，读到这一章时，他们对我的判断完全失去了信心。难道我们不应该超越外表深入讨论更有意义的人类特质，如诚实、体贴和值得信赖吗？

如我之前所提到的，并不是所有男性都有对外表吸引的情感需求。他们与满足自己其他情感需求的女人结婚。但对乔什来说，他爱上布丽塔尼的众多原因之一，就是她在恋爱时非常有效地满足了他对外表吸引的情感需求。布丽塔尼在结婚后辞去了工作，但乔什从未抱怨过这一变化，因为他没有对经济支持的需求（下一章会讲到这一点）。乔什很乐意在经济上支持布丽塔尼，这是她的情感需求之一。乔什希望她也能继续回报，满足他所有的情感需求。

因此，布丽塔尼报名参加了一个健身项目，保持健康饮食，并因此在三个月内减掉了约 18 千克。乔什也加入了她的锻炼项目。一年后，她比以往任何时候都更健康，他们俩都很享受在一起的休闲时光。

布丽塔尼朝着更健康的生活方式付出了很多努力，这样做不仅对乔什表达了爱意，还有效地照顾了自己。这极大地改善了她的健康和自尊。

个体偏好不同，对吸引力的感受不同

对于一个需要另一半有外表吸引力的男人，每当他看着美丽的妻子时都会感觉很好。事实上，这就是情感需求的本质：当人的情感需求得到满足时，会感到开心；而当需求得不到满足时，会感到沮丧。

很多女人也把这一需求列为她们最重要的情感需求之一。但我发现，大多数女性更有可能爱上满足自己其他情感需求的男人，如爱与关怀、亲密对话、开诚布公、经济支持和家庭投入。外表吸引在她们名单上的排名要低得多。我记得我的客户中有一个超重且秃顶的男人，他的妻子非常美丽，他还比妻子大 20 岁。尽管如此，妻子还是对他非常着迷，他们的性生活非常活跃。她在他身上看到了什么呢？这正是重点。她眼中的丈夫是一个温暖、善解人意的男人，他善良、慷慨，他们彼此关心。她只是有不同的情感需求。外表吸引对她的作用没那么大。

爱的视觉维护和保鲜：增强外表吸引的方法

无论是丈夫还是妻子，都可以增强自己的外表吸引。很多书籍、视频、饮食计划和其他产品旨在帮助人们优化身材、着装、发型，等等。当为那些想要改善外观的人提供咨询时，我会特别关注 5 个重要领域，这些领域在保持或提升外表吸引力方面尤为重要。

体重和健康

我听到的关于外表吸引的抱怨几乎都与超重和身体不健康有关。从字面上看，这是两个不同的范畴，因为一个人可能体重超标但身体健康，或者他们的体重可能正常但身体不适。但我听到的抱怨往往将这两点混为一谈，抱怨的一方希望另一半达到自己对身体健康的定义。

市面上有大量的节食和锻炼计划，在这里我不打算重复，但我会建议一些维持健康体重和保持身体健康的简单方法。请拿出 15 小时专注时间的一部分一起锻炼。无论是骑自行车还是去健身中心，一起去做。我发现，共同锻炼是为情感银行存款的最佳方式之一。以找我咨询的一对夫妻为例，一起锻炼是他们恢复彼此的爱情的唯一方法。

当你购物时，尽量少购买含有糖和简单碳水化合物的加工食品。你的孩子可能会抱怨，但尽量避免摄入这些食物，他们会像你一样健康。

化妆

当乔伊丝和我共同为伴侣提供约会咨询服务时，乔伊丝经常帮助女性改进化妆技巧。如果伴侣双方都很喜欢女方化妆，那么女性一方可能会从提升化妆技巧中获益更多。当乔伊丝帮助单身女性做了一些妆容改变后，单身男性几乎总是更加关注她们。如果丈夫喜欢妻子化妆，那么丈夫也可能会欣赏妻子的努力。虽然你的目标是满足丈夫对外表吸引的需求，但你自己也可能会喜欢这种变化，不要在自己不舒服的情况下使用化妆品。

发型

和其他所有事情一样，发型可以引发情感银行中的存款或者取款。如果丈夫或妻子理解伴侣对外表吸引的需求，他们会努力与伴侣合作来满足这一需求。根据我的经验，妻子很有可能会发现丈夫的品位相当不错。

对那些希望看到伴侣发型变化的丈夫和妻子，我鼓励他们多去互联网上选择，那里有几百种适合各个年龄段男女的发型。当看到你们两人都可能喜欢的发型时，请存一张图片带给你的理发师或美发师，让他们尝试复制它。如果双方都能接受这种结果，那么你就有了一个新的、更有吸引力的发型。如果效果不如预期，那就请继续尝试。

当乔伊丝和我 50 年前搬到明尼苏达州时，我第一次决定留胡子，她同意了。后来，我又想要刮掉胡子时，她反对我这样做。乔伊丝觉得我留胡子很有吸引力，所以我还留着那个款式的胡子。如果她喜欢我的外表，我为什么要去改变呢？而且，我很满意自己过去 50 年一直留着胡子。

服装

与化妆品和发型一样，同样的原则也适用于服装：穿着要对你的伴侣有吸引力，同时也要让自己感到舒适。乔伊丝和我一起为彼此购买衣服，我们都不穿对方不喜欢的东西。这样做是为了尽可能地对彼此有吸引力。我强烈推荐这种购买服装的方法。

个人卫生

坦白地说，我几乎从未遇到需要在个人卫生方面得到帮助的女性，但我帮助许多男性解决过这个问题。

肯特是一个非常成功的农民。他是一个正派的人，但由于在成年后的大部分时间里都是单身，所以他很少关注自己的外貌。杰西卡认为她可以忽视肯特的外貌而爱他的内在。然而，他们结婚后，杰西卡发现自己对他的外貌非常反感。

当他们第一次来做咨询时，肯特抱怨杰西卡拒绝与他发生性关系。她找了各种借口，最后肯特认为咨询师可能会有帮助。"我就是做不到和他发生关系。"杰西卡解释说，"我以为婚后他会对我更有吸引力，但现在情况变得更糟。就算他因此要离婚我也做不到。"

当肯特走进办公室时，他的体臭几乎让我晕倒！他一直在嚼烟草，牙齿上满是残渣。他的头发一团糟，衣服看起来像是睡衣。我曾指导过许多男人如何保持整洁，但肯特的情况超出了我的想象。

"她不喜欢性爱。"肯特这样解释他们的问题。

我的看法不同。"我想我可以帮助你，"我说，"但你必须按照我说的做。我认为你的问题能在几周内得到解决。"我给了他以下任务：

1. 由于你的工作性质，每天早晚都要洗澡。
2. 在杰西卡的帮助下购买一套新衣服。让她为你挑选每天穿的衣服。不要穿你前一天穿过的任何东西，除非衣服已经洗过了。
3. 看牙医并清洁牙齿。停止嚼烟草。
4. 每天早餐前梳头、刮胡子。

完成这些任务对肯特来说是相当大的承诺。他习惯了连续几周不洗澡，天天穿同一条裤子和同一件衬衫。他从十几岁起就没去看过牙医了。但他答应了，我说这会改善他和杰西卡的性生活，他相信了我。

接着，我给杰西卡安排了任务：与肯特一起购物，每天为他挑选服装，并确保这些衣服是干净的。我还问她，在肯特完成所有任务后，她是否愿意考虑连续一个星期每天与他进行亲密行为。

双方达成了协议，肯特去了服装店和牙医诊所。他遵守了自己的承诺，杰西卡也遵守了她的承诺。当他拥有干净的身体、衣服和牙齿后，杰西卡连续一个星期每天都与他进行了亲密行为。

当他们又一次来访时，我几乎认不出肯特了。真是翻天覆地的变化！他们在等候室里手牵手坐着。我敢肯定，从那时起，尽管没有每天亲昵，但他们对肯特新的外表都感到满意。肯特从杰西卡那里学到了一个非常重要的教训：他的外表，特别是体味，对她的性生活意愿影响很大。

大多数男人的卫生问题并不像肯特那样极端，但微小的问题仍然可能对妻子产生很大打击，特别是在进行亲密行为时。女人想要与她爱的男人身体接近，尤其是当他看起来和闻起来都很好的时候。

珍视并发挥自己所拥有的价值

身体吸引只是意味着你的外表使你的另一半感觉良好，通过你的外表来满足一种情感上的需求。这是向另一半展示关怀之爱的一种方式。

人们可以通过许多方式变得有吸引力，比如个性宜人的人通常通过亲密对话满足情感交流。实际上，每当有人满足我们的某种情感需求时，我们通常都会认为那个人很有吸引力。所以，如果你的外表吸引力可以满足另一半的情感需求，为什么要忽略它呢？为什么不抓住每一个机会在情感银行里存款呢？

我在客户身上见证了，外表变化不仅满足了对方的需求，还增强了他们对自我的肯定。这些变化使他们在事业上更加成功，也改善了他们的健康状况。这种努力带来的回报远远超出了婚姻本身。

思考和探索

给她的问题

1. 在婚姻中，外表吸引是不是你前 5 大情感需求之一？如果是，你是否愿意温和地与丈夫分享你觉得他最吸引人的地方，并希望他也能做出同样的回应？
2. 在表达这个情感需求的感受时，你对丈夫是否既诚恳又温和？
3. 你在外表上投入了多少努力？

给他的问题

1. 在婚姻中，外表吸引是不是你前 5 大情感需求之一？如果是，你是否愿意温和地与妻子分享你觉得她最吸引人的地方，并希望她也能做出同样的回应？
2. 在表达这个情感需求的感受时，你对妻子是否既诚恳又温和？
3. 你在外表上投入了多少努力？

共同的问题

1. 坐下来查看你们的相册，尤其是你们恋爱时和婚礼当天的照片，比较你们当时的样子和现在的样子。回想那些日子，你有什么感觉？
2. 互相分享上面问题的答案。请保持尊重，但要诚实。
3. 你们可以亲切地互相分享：外表吸引对你们来说意味着什么。

第 9 章

经济支持：共筑幸福的基础

泰勒成长于美国一个中上层阶级家庭。她上了州立大学，主修艺术、历史，在此期间认识了乔恩。他们在学校时就结了婚。乔恩完成本科学业后又接着取得了艺术硕士学位，他离开学校后没找到专业对口的工作。他试图进入商业艺术的世界，但竞争很激烈。毕业后两年，乔恩仍然没有找到全职工作。他的绘画和绘图工作非常忙，但收入很少，也很不稳定。在他们结婚的前 6 年里，他的连续工作时间从未超过 6 个月。

因此，泰勒发现自己不得不找一份接待员的全职工作来帮助维持生计。她想要孩子，但他们的财务状况不允许。他们住在简陋的公寓里，没什么余钱，只买得起便宜的车。

在与同事安妮的一次谈话中，她说："我真为乔恩难过。他非常出色，但对一个艺术家来说，找到稳定的工作真的很难。"然后她崩溃地哭了起来。"我认为乔恩不会赚很多钱的，"泰勒哭着说，"我们会一直一无所有。""我这么说可能有点多管闲事，但我认为乔恩的日子过得挺好的。"安妮说，"他可以整天享受艺术，因为有你在这里支持他。如果没和你结婚，他就得像其他人一样工作。我认为他现在这样对你不公平。"

泰勒开始思考。"乔恩正在利用我！"她想，"他在享受自己喜欢的事情，而这一切都是以我为代价的。如果他关心我，他会放弃他的艺术工作，选择一个能够养家糊口的职业。"泰勒对自己的困境感到越来越愤怒。

对经济支持的不同需求和期望

过去的 50 年中，劳动力市场发生了翻天覆地的改变。我刚进入心理咨询行业时，这个领域是男性主导的。我所在的班级有 25 名博士候选人，其中只有两名女性。如今，女性已经在心理学领域占据了主导地位。这场革命不仅影响了我的职业。总的来说，当今女性在大多数职业中的人数都超过了男性，占据了大多数工作。

你可能会认为，工作场所向女性转变的文化趋势会改变女性对经济支持的需求，事实上并非如此。

为了测试女性是否仍然为了钱而结婚，我有时会问这样一个问题："如果你的另一半在婚礼前宣布你不应该期望他能赚很多钱，你还会结婚吗？如果你知道你必须独自一人在经济上支持另一半，你还会结婚吗？如果会，请举手。"尽管几乎所有的男性举手了，但几乎没有一个女性举手。

事实上，大多数女性结婚时确实期望获得经济上的支持。她们希望丈夫与她们合作，共同支持家庭，一起管理家庭财务。大多数男性并没有这种需求。

家庭与职业：财务和责任的平衡和对抗

大多数妻子都希望她们的丈夫不仅要有工作，而且要挣足够的钱来养家。一次又一次，许多已婚女性告诉我，她们因为不得不工作而感到怨恨，特别是在生了第一个孩子之后。与我交谈的女性通常希望在追求职业和做家庭主妇之间有选择权，或者希望可以两者兼备。通常，她们希望在自己年轻、孩子还小的时候做家庭主妇，孩子们长大后开始发展自己的事业。然而，严酷的现实是，对今天的许多女性来说，即使孩子还小，她们也必须工作来帮助家庭维持生计。她们的丈夫单凭自己的力量根本无法应付每月的基本开销。

要明确的是，我不反对职业女性，我也不反对女性在人生早期选择职业而非家庭。我的女儿获得了博士学位，是一名职业心理学家。她在工作的同时生育了两个女儿。我为她的成就感到骄傲，她对自己作为家庭主妇和心理学家的双重角色感到满意，她的丈夫也是如此。

我想要强调的是，许多女性需要有在生了孩子后是否工作的选择权。即使选择事业，她们仍然应该有权选择暂别职场一段时间来抚养孩子。想为她们提供这种选择，最简单的方法是不把她们赚的钱花在家庭的基本需要上。换句话说，妻子赚的钱应该用于投资、储蓄或其他额外的物品。简而言之，我认为，当一个妻子把经济支持作为她最重要的情感需求之一时，丈夫应当学会通过正常工作赚到养家糊口的钱。

我意识到我所说的在许多人眼中并不受欢迎，他们会认为我是不切实际的。难道我不知道现在一对夫妻根本无法靠一份薪水生活吗？对，我知道，但我认为这其实可以改变。正如我稍后会在本章中解释的，实际上，一个家庭可以靠一份薪水生活，我会告诉你怎么做。我只想强调，有许多女性对经济支持的需求很强烈，必须认真对待这一需求。相反，大多数男性没有这种需求。如果丈夫的薪水可以支付家庭开支，那么即使妻子全职在家带孩子而几乎不怎么赚钱，丈夫也会感到非常满足。相反，我很少遇到女性对一个赚钱很少或者根本不赚钱的丈夫感到满意。

如果一个丈夫认为经济支持是他最重要的情感需求之一，他的出发点往往和女性大不相同。这种情况通常是出于家庭生活开支的实际需要，他发现有必要分担家庭责任。但是和女人不同，男人很少想要成为全职"家庭主夫"。在这一点上，双方的差异很大。

预算的智慧：实现家庭生活的和谐

每个家庭都需要了解自己能够负担的生活方式。有些夫妻认为预算是一个"无奈之选"，我则喜欢称之为"理想之选"，并推荐给几乎所有前来咨询的夫妻。我还没有遇到过哪对夫妻没有冒出过想买一些负担不起的东西的念头，因此合理的预算是必要的。

预算帮助你了解维持一定生活质量的真正成本。为了帮助你更全面地了解你能接受的生活质量，我推荐 3 个预算：一个描述你的需求，一个描述你的愿望，一个描述你可负担的成本。

需求预算应包括满足生活必需品的月度成本，没有这些物品你可能会感到不舒服，甚至损害健康。

愿望预算除了满足所有需求，还包括满足愿望的成本，即那些给你的生活带来特殊乐趣的东西。但它应该是现实的。

可负担的预算从你的收入开始，应该先包括需求预算的成本。当满足所有需求成本后，如果还有剩余的钱，那么愿望预算中最重要的项目就可以被包括进来，直到你的支出与你的收入匹配。

为了在女性的经济支持需求背景下解释这些预算，我建议在需求预算中只使用丈夫的收入。换句话说，如果丈夫的收入足以满足家庭的所有需求，那么按定义，他就已经满足了妻子对经济支持的需求。如果没有覆盖这些预算，他可能就没有充分满足妻子在这方面的情感需求。

夫妻双方的收入都包括在愿望预算中。如果双方的收入可以覆盖他们所有的需求和愿望，他们就不需要再进一步了。但是，如果他们的需求和愿望预算超过了共同收入，那么建议用丈夫的收入覆盖基本生活需求，用妻子的收入覆盖其他的愿望。这样的预算方式意味着妻子的收入正在帮助家庭提高生活质量，为超出基本需求的部分提供支持。

有些女性想工作是为了追求职业挑战带来的成就感，对其他女性来说，是为了暂时远离一下照顾孩子的重担。但无论原因如何，如果丈夫的收入能够支持家庭的基本需求，妻子就并不是为了养活自己或家庭而工作，就可能会选择追求更高的生活质量。她可能不会追求赚更多钱，但可以花更多时间和家人相处。

我一直很惊讶，非常多的女人在意识到丈夫的努力工作养活了自己和孩子之后，对丈夫的感情会产生很大变化。"经济预算清单"（见附录 D）将帮助你形成自己的需求预算、愿望预算和可负担的预算规划。

收入不足时如何应对并解决困难

当丈夫的收入不足以覆盖基本生活需求,而妻子却将经济支持视为重要的情感需求时,会发生什么呢?对许多女人来说,这几乎不能接受。尽管妻子对工作可能感到不满,但她们更愿意选择工作,而不是过着贫困的生活。

我遇到过无数被困在这种陷阱中的夫妻。丈夫尽其所能地工作,每晚都累得精疲力尽,但他的薪水还是不够养活全家。妻子则面临着两难:要么痛苦地工作以支持家庭,要么痛苦地居家忍受低质量的生活。妻子的爱意逐渐减少。她会想:我还能忍受多久?我既对妻子的沮丧表示同情,又对被困在这种情境中的丈夫表示理解。他尽了最大的努力,但仍然无法满足妻子对经济支持的情感需求。这种僵局有答案吗?无论如何,他必须在不牺牲与家人相处时间的情况下增加收入。他可以尝试获得加薪或找到工资更高的工作,甚至需要考虑彻底换个工种。下面的故事是个很好的例子。

当肖恩和敏迪来找我咨询时,肖恩的职业生涯正处在瓶颈期,他在公司已经达到他能达到的最高位置。而敏迪一看到我就哭了起来。"我知道我可能不应该这样,但我对肖恩的尊重正在减少。他赚的钱不足以支付我们的账单,现在他希望我重新工作来补贴家用。孩子们还这么小,我真的不想这样。"

"如果削减开支呢?"我问。"就我而言,现在已经是最低消费了。我想我们不应该买更大的房子,但现在我们已经住进去了,而且我们离不开第二辆车。我们住得离市区太远了,我不可能不开车。"

我提出了我能想到的唯一建议:"也许肖恩完成学业之后会赚得更多,

我听你说他还有两年就毕业了。你愿意工作一段时间帮帮他吗？""嗯，我想我可以，只要不是永远。"敏迪回答，"我会和肖恩谈谈，看他怎么想。"

几周后，肖恩和敏迪解决了这个问题。敏迪找到了一份全职工作，肖恩则和公司商量开始把全职工作转成兼职，这样他就可以继续完成学业。

新计划挽救了他们的婚姻。敏迪很高兴看到肖恩努力提高他的收入潜力，而她自己也不介意这种牺牲，因为她知道这不会是永久的。令人意外的是，敏迪非常喜欢她的工作，即使在肖恩完成学业并开始赚足够的钱养家之后，她还选择继续工作。最终，她维持住了对丈夫的尊重，并为自己找到了一份有价值的职业。

如果丈夫的收入真的不足以满足家庭的基本需求，他应该试图提高自己的工作技能。雇主可能会在他全职工作时为额外的培训支付费用，他个人也可能会从社会机构得到经济帮助。如果没有支持他进步的资源，妻子也可以暂时工作赚钱支持丈夫。我发现，如果只作为家庭经济危机的临时解决方案，大多数女性愿意工作来支持家庭。这种临时的牺牲实际上会成为和谐婚姻和情感联结的有力推动者。当丈夫和妻子为了共同的目标一起努力时，他们的兴趣会变得更一致，他们的对话也会变得更有趣。简而言之，他们会成为一个共赢的团队，而共赢团队的成员通常会喜欢和尊重彼此。

少即是多：一个激进的低成本高满足提案

通过为肖恩和敏迪这样的夫妻提供咨询，我意识到，快乐的代价其实很小。作为短期措施，当一方需要接受教育时，夫妻可以尝试削减开支。如果还没有孩子，他们会惊讶地发现，只要很少的钱就可以满足生活需求。

当我第一次遇到莎拉和吉姆时，他们的生活脱离了正轨，似乎正走向经济危机。两个人都有全职工作，但双份收入购买的东西带来的快乐很少。他们对药物和酒精上瘾，似乎即将走向自我毁灭的道路。当他们来找我时，我说服他们两人寻找生活的新方向，大学教育是找到这个方向的好地方。只有一个问题，他们习惯于依靠每月9 000美元的收入生活，但永远不可能在上学的同时赚那么多钱。

于是我提出了一个激进的解决方案。"你们每月的生活费曾经少于2 000美元吗？"我问。由于他们的咨询发生在很多年前，我考虑到通货膨胀调整了具体数字，那时的花费要少得多。

他们互相看了看，开始大笑："没有人每月的生活费可以少于2 000美元。""恰恰相反，世界上大多数人每月的生活开支都少于2 000美元。你们会发现，学习一下其他人的做法可能很有趣。"我对他们说。

那天，他们离开我办公室时仍然在笑着摇头，但我已经种下了尝试的种子。他们花了几个星期做决定，他们认为这个实验令人难以置信。尽管如此，我们还是共同制定了以下的月度预算：

房租和水电	600美元
食品杂货	400美元
衣物	100美元
杂项和紧急情况	700美元
总计	1 800美元

他们在大学附近租了一个单间，继续用之前的家具，用一个临时炉子完成几乎所有烹饪。他们卖掉了汽车，乘公交车或骑自行车上学和上班。他们买了既有营养又便宜的食物，在二手商店买衣物。他们把卖车和其他物品所得的钱都存入了储蓄账户。他们每人每周只工作 15 个小时，共同赚取他们所需的 2 000 美元。现在他们买不起曾经毁掉他们生活的药物或酒精，不得不克服因为成瘾导致的症状，不得不戒烟……当他们完成学业时，储蓄账户里还有存款。

作为整体生活方式改革的一部分，他们同意每周安排 15 小时的专注时间。这是他们第一次在婚姻中有意识地满足彼此的亲密需求，如爱与关怀、亲密对话、性满足和休闲陪伴。

在这个案例中，教育并没有帮助这对夫妻赚取更多的收入。但是，教育与满足彼此的亲密需求相结合，令他们的生活质量大大提高。他们给予彼此充分的关注，重新燃起浪漫之爱。尽管与之前相比，莎拉和吉姆只花了很少的钱，但他们无疑是快乐的。我第一次见到他们时，他们的婚姻即将结束，但现在他们的婚姻正在焕发生机。这种改变每个月只花费了 2 000 美元。

我们完全有可能用更少的钱生活，并因此而感到更加快乐。我当然不是试图说服你们每月只应该花费 2 000 美元以下。但几乎每个家庭都可以比现在花得更少，同时过得很舒适。我只是希望为你提供这样一个思路：花得更少对你来说可能比赚得更多要容易得多。

许多曾向我咨询的女性挣扎于她们无法承受的生活水平，她们对经济支持的重要情感需求因此无法得到满足。许多男性努力工作，试图为家庭提供他们原本不需要的东西。有时，高生活水平是以生命中最宝贵的财富为代价的。

如果你的职业让你没有时间满足彼此的亲密和重要的情感需求，使你们因此无法为彼此提供每周 15 小时的专注时间，那么它又有什么价值呢？如果某个职业和相应的预算能让你们有时间满足彼此的需求，不是会让你们更快乐吗？

参考以上内容，你可能会希望修改需求预算，你真的需要那么多东西来让自己快乐吗？通过调整，你会明白这句话的含义："在金钱和婚姻的问题上，少即是多。"

思考和探索

给他的问题

1. 当你们刚结婚的时候,你是否认为妻子会期望你在经济上支持她?你是否期望她工作?你知道经济支持是她当下的重要情感需求吗?
2. 你认为妻子对你目前在正常工作时间内能赚到的钱感到满意吗?
3. 如果经济支持对妻子来说是重要的情感需求,你考虑过接受继续教育以便获得薪酬更高的工作吗?减少家庭开支可以达到同样的目标吗?

给她的问题

1. 你是否将经济支持视为最重要的情感需求?如果是,你是否经常考虑丈夫的收入对生活水平的影响?你对此有何感受?
2. 你是否愿意与丈夫讨论他的收入水平给你带来的负面情绪?你有没有和他分享过这些感受?
3. 如果经济支持是你最重要的情感需求,你是否愿意降低生活水平,以便使丈夫的收入可以支持你们的生活?

共同的问题

1. 你们目前的生活水平如何?你们都对这样的生活水平感到满意吗?你们真的有足够的钱来维持这样的生活水平吗?
2. 使用"经济预算清单"(见附录 D)来创建你们的预算。
3. 你们应该做一些改变吗?继续教育会有帮助吗?降低现阶段的生活水平会有帮助吗?你们可以共同讨论如何做出改进。
4. 你们目前是否安排了每周 15 小时来满足彼此的亲密需求?

第 10 章

家务支持：分担责任，共享温馨

菲尔原本是一个富有的年轻单身汉。他的工作薪水很高。他有一辆车，首付很高，所以每月贷款很低。他的公寓位置好，装修漂亮，布局合理。在遇到查琳之前，他曾经和很多女孩恋爱。但查琳不同，她非常特别。他们成了最好的朋友，恋爱了大约 8 个月后，他向她求婚了。

他们在 10 月份结婚了。起初，他们住在菲尔的公寓里，但这只是为了留出时间存足买房子的首付款。查琳也有一份不错的工作，他们为拥有自己的家共同努力。次年夏天，他们找到了想要的房子，并在 9 月搬了进去。菲尔非常享受各种家务活动：打理花园、维修家具、安装各种设备，等等。

一切都很顺利，直到他们的第一个孩子出生。这时候查琳决定减少工作时间，转为兼职。正当他们的开销增加的时候，收入却因此减少了。为了弥补收入缺口，菲尔找了第二份工作。他每天要工作 12 小时，在原公司担任部门经理，同时还在另一家公司做兼职会计。

5 年后，菲尔和查琳有了 3 个孩子。菲尔仍然做两份工作，但每次结束工作回家时，他发现家务量越来越大。查琳一方面需要他在家里修修补补，另一方面还要求他帮忙照看孩子。除此以外，他还要修剪草坪。查琳还开始抱怨他们的两居室房子对现在的家庭来说不够大。

过去的美好生活迅速变得让人难以忍受。菲尔试图通过看电视和上网来逃避，但这并不奏效，因为查琳不断地打扰他，要求他帮忙。后来，他开始在下班后继续待在公司，或和同事们闲逛，但这只能让查琳更加愤怒。当他不能及时回家帮忙时，查琳感到受伤和愤怒。他们很少坐下来交谈，但是只要有机会坐下来，查琳就会利用这个机会来表达她的强烈不满。而当他因为工作无法准点回家时，查琳都不想和他亲近。最后，菲尔彻底不回家了。

幻想和现实：家务分配对家庭幸福的影响

未被满足的情感需求经常会引发幻想，对家务的需求也不例外。男人典型的梦想家庭生活是这样的：家庭生活没有压力和担忧。每天下班后，妻子都会充满爱意地迎接他，孩子表现良好，很高兴看到他。他走进温暖舒适的家中，妻子请他在吃晚餐之前放松一下，这时他已经可以闻到厨房里飘来的饭菜香。晚餐时的交谈很愉快，没有冲突。饭后全家一起出去散步，他回来不费吹灰之力就让孩子上床睡觉。然后他和妻子一起放松和交谈，看一会儿电视，在一个合理的时间上床做爱。

有些妻子在读上面的情景时可能会笑，也可能很生气。但我保证，现代社会中，虽然男性也会参与做家务或者与妻子平分家务活，但是这一切并没有真正改变他们对家务支持的情感需求。许多男性仍然私下告诉我，他们像以前一样需要妻子的家务支持。

如果行为是态度变化的衡量标准，男人对待家务的态度并没有发生太大的变化。他们可能会大谈特谈，认为期望女性做大部分家务是多么地不公平，但真正到分担这个重担时，妻子就会知道他们只是说说而已。我最近阅读的几份研究报告指出，在双职工婚姻中，丈夫对家务和照顾孩子的贡献仅比那些妻子是全职妈妈的丈夫多出大约10%。我在大约30年前也读到过这个统计数据。虽然许多研究文章关注了这种不平衡，但正如大多数职业女性观察到的那样，男人对此几乎没什么实际行动。

几种理论可以解释这种不平衡的出现。一个似乎合理的理论是，男人天生就不适合做家务。他们看不到家里一团糟，也听不到孩子们胡闹。至少在妻子看来，就算在主动提出帮忙时，他们真正完成的也很少。他们对家务活天生不在行。

但我有另一个理论：家务是男性常见的情感需求。当妻子料理家务、照顾孩子时，她正在向情感银行大量存款。但过去60年中，家庭的生活方式和需求面临的巨大变革给了妻子几乎无法承受的负担。她们根本无法按照丈夫想要的方式满足这种需求。她们需要丈夫的帮助。生活方式的变革给女性创造了同样的需求，尤其是职业女性。她们也需要家务支持。

那么，如何确定一对夫妻中的双方对家务支持的需求程度呢？任何情感需求都可以通过一些小技巧发现。比如，试着问问自己：如果你知道另一半不愿意给你任何爱与关怀，你还会和他结婚吗？性呢？亲密对话呢？开诚布公呢？再加上这样一个前提，你只能从婚姻中满足以上这些情感需求，你能忍受失去什么？无论你可以接受放弃哪类情感需求，都说明这个需求不是你真正需要的。

为了确定前5大情感需求，我告诉人们只能从列表中选择一个需求，另一半会持续有效地满足这个需求,其他需求都将完全得不到满足。那么,那唯一的需求会是什么呢?大多数人告诉我,他们不会和只满足一个需求的人结婚,但我鼓励他们用幽默的心态试一试。

在确定了这个需求之后,我会请他们想象选择两个需求,但其他需求都不满足,看看他的第二选择是什么。然后继续,直到他们确定了前5个情感需求。在大多数婚姻中,丈夫的前5位需求与妻子的前5位需求非常不同。

这个测试可以确定男性对家务支持的需求程度。一个将该需求视为最重要情感需求的男人会和不愿意料理家务或照顾孩子的女人结婚吗?这是他最重要的情感需求之一,当这个需求被满足时,情感银行会存入巨额存款。如果该需求得不到满足,他会感到非常沮丧。

再次声明,并不是所有丈夫都将这个需求列入他们的前5位情感需求中。事实上,也有很多将它列为前5位情感需求的妻子。我相信有许多夫妻完全可以接受丈夫照顾家庭和孩子,妻子外出工作。像往常一样,由你和另一半共同发现你们的情感需求,然后相互沟通。你可能会发现这个需求对你来说根本不是问题。我看到这种情况发生了很多次。

你可能会质疑我的测试方法,认为家务支持并不是非此即彼的选择。这不是一个人做的事情,家务应该是两个人一起完成的。

我非常同意。我提出这个测试只是为了证明需求的存在。我的观点是,一方面,许多男人很难与一个不照顾孩子、不做家务的妻子生活在一起;另一方面,女人可能会发现这样的丈夫有点令人失望,但他不会做家务这件事并不一定会严重地影响情感银行存款。事实上,许多女人抱怨丈夫不愿意在家里帮忙,而她们的婚姻依然非常成功。

双职工家庭的困境：家务劳动分配不均

60年前，大部分女性是全职妈妈或家庭主妇。但情况已经改变。今天，大部分妻子都有全职工作。事实上，现在职业女性比男性还多。随着这种转变，家务劳动的分配已经成为婚姻冲突的主要来源。这种转变改变了丈夫对家务支持的需求，与此同时，女性对此的期待也日益增加。我在前面描述的"男人的幻想"现在也是"女人的幻想"。他们都希望在承受工作的压力之后放松身心。

男人对家务支持的需求是本能还是全职工作迫使的结果？那些被职业需求压垮的女人是否也像她们的丈夫一样感到对家务支持的需求？

通常情况是，丈夫和妻子都在晚上6点左右下班回家，和孩子一起点外卖。家里堆满了等待清洗的餐具、等待整理的衣物、等待吸尘的地毯、等待洗澡的孩子……孩子们入睡前还要给他们讲故事。但是晚餐结束后，丈夫就会坐下来看电视。

人们已经达成共识，如果丈夫和妻子都全职工作，就应该分担家务和照顾孩子的责任。但是夫妻双方通常对照顾家庭和孩子没有相同的紧迫感。她希望完成家务任务，而他希望她来完成这些任务。面对这种实际情况，双职工夫妻如何公平地分配家务劳动呢？

涉及任何行为改变时，动机几乎是一切。如果这种改变是令人愉快的，或者有奖励，那么你可以放心地相信对方会完成任务。但是，如果改变是不愉快的，也没有奖励，即使对方做出承诺也不一定会实现。

公平计划：8 个步骤实现家庭内的平等合作

从实际情况出发，我为双职工夫妻以及希望从另一半那里获得更多帮助的人设计了一种方法，使他们能够将经过验证的激励原则应用于公平分配家务劳动的世纪难题。

无论有没有家务支持的情感需求，我的计划都有帮助。唯一的不同是人们在完成计划时期待的给予和获得不同。有家务支持情感需求的丈夫或妻子会提供较少的支持，但他们接受的支持要更多。基于此，我制订出一个大家都能满意的计划。

这在一开始可能看起来很令人生畏，因为它涉及如此多的思考、分析和准备，但是执行过这个计划的人一致表示，这个计划最终解决了他们的问题。你会发现，它绝对值得你付出努力。

步骤 1：明确家务和育儿任务

列出所有的家务和育儿任务。这个清单应该（1）列出每项责任，并且（2）简要描述必须完成的内容以及完成的时间。我们将这称为主清单。双方都应该向这个清单中添加项目。完成这个清单需要花费几天时间。当你发现自己在进行或想要完成各种任务时，就在清单中添加内容。清单上的任务示例如下：

清理早餐餐具　每天早晨清理餐桌；清洗、擦干并收起所有餐具。
喂猫　8:00 和 17:00 给猫加食加水。

当完成清单时，你们都应该对其满意，确保它包括了你们共同的所有家务和育儿责任。你可能列出了多达 100 项任务。仅仅这部分练习就能帮助你了解必须完成的家务情况。

步骤 2：为某些任务主动承担责任

有些任务你喜欢自己完成，或者你认为另一半完成的方式不是你想要的，你宁愿自己来做。这些任务应该从主清单中取出，放在两个新的清单中，一个标题为"他的责任"，另一个标题为"她的责任"。

如果你和另一半都想完成同样的任务，你们可以轮流完成或随意分配。但在这些任务成为某人的最终责任之前，你们必须互相确认对方的选择。如果你们中的一人认为另一人的完成效果不够好，以给对方"试用期"。一旦你选择完成某项任务，对方有权期望你按照他/她的要求来完成。

步骤 3：分配你们只愿意共同完成的任务

现在你们有三个清单：（1）他的责任，（2）她的责任，（3）仍留在你们的主清单上的，即双方都尚未报名参与的家务和育儿任务的清单。

有许多家务和育儿任务，单独一个人完成可能不太愉快，但如果你们一起完成，体验感会大幅度提高。你可能发现，当洗碗机里的碗盘被清洗干净后，你们一起整理餐具更有趣。在我家，乔伊丝放盘子，我放刀叉和勺子。与孩子在一起的时间也是如此。如果另一半和你共同照顾孩子，你可能会更加享受这个过程。如果你们两人都同意把这些任务从主清单中取出、两人共同完成，你们可以建立第 4 个清单，那就是"我们的责任"。

步骤 4：决定谁更希望完成这些任务

现在，如果主清单仍然有家务和育儿任务，那么这些任务是你们都不想完成的。所以下一步是确定谁更希望这些任务得到完成。你可以通过评估每项任务完成的重要性来实现这一点。请使用 0 到 5 来评分，其中 0 表示不重要，5 表示最重要。请你们分别为每项任务打分，然后讨论评分。清单上的项目示例如下：

清理早餐后的厨房　每天早晨清理餐桌；将早餐用的餐具放入洗碗机；清洗后将餐具放回原来的位置
　　　　　评分　贝基（4）；约翰（2）。
喂猫　8：00 和 17：00 给猫加食和水
　　　　　评分　约翰（5）；贝基（3）。

你在完成这项任务时可能会有疑虑，因为你可能猜测我会把剩下的任务分配给最希望完成这些任务的人。当贝基看到约翰为早餐后清理厨房的任务打 2 分时，她可能会将自己的评分改为 1 分。看到她的 1 分评价，约翰可能会把自己的评分改为 0 分，以确保这项责任最终落在对方身上。

但我希望你们每个人都给出准确的数字，因为如果两人的评分都很低，我会建议你们完全消除这些项目。如果这件事是你们两个人都不怎么想要的，那为什么还要去做呢？如果任务根本没有完成，你会有什么感觉？这应该能决定你的评分。

步骤 5：将剩余的任务分配给最希望完成它们的人

因为你更有动力，所以会更喜欢个人清单和共同清单上的任务。但你对完成剩下任务的动力没有那么大。那么，这些任务应该分配给谁呢？

正如你可能已经猜到的，我建议这些任务应该分配给最希望完成它们的人，因为那个人最有动力。这是一个合理的解决方案，因为如果不那么做，不在乎这些任务的人就会被迫承担责任。

大多数女性此时都会警觉起来。她们抱怨说："我知道会怎么样，所有这些任务最终都会落在我的清单上。我丈夫对保持家里整洁根本不在乎。"

全职工作的妻子虽然也希望多完成这类任务，但没有那么多时间或精力。所以她们希望丈夫能分担任务，尽管丈夫在一天结束时也很累。从她们的角度看，当没有人愿意完成这些任务时，公平的方法是平均分配。让妻子承担各种各样的家务和照顾孩子的任务，丈夫却上网冲浪是不公平的。她们是想完成这项任务的人，但她们觉得丈夫应该一起完成，即使丈夫不想这么做也应该分担。

正如大多数妻子已经发现的，希望丈夫承担只有妻子希望完成的任务是行不通的。丈夫并没有动力，因此也就不会去做。她可以尽情批评他不负责任和懒惰，但到头来，要么是她自己完成这些家务，要么这些家务就永远不会完成。

告诉某人"这是你的责任"并不是一种激励。这通常是消极的，很可能导致争论，而疲惫的妻子依然无法从她的丈夫那里获得需要的帮助。

我希望妻子从丈夫那里得到需要的帮助，但她寻求帮助的方式必须能够激励他。相信我，我不想让妻子负担繁重的家务，结果每晚只能睡 3 小时。相反，这项计划可以保住她每晚 8 小时的充分休息。但这个计划是现实的，它把不受欢迎的任务分配给最有动力去完成的人，也就是最想完成的人。

步骤 6：寻求他人帮助、删除任务并确保每晚 8 小时的睡眠

人们首次看到他们完整的任务清单会不知所措。这些清单包括他们选择做的事情以及最希望完成却没做的事情。因此，我帮助他们想办法将部分责任转移到孩子或雇佣帮手身上。对家务支持的需求不一定要通过实际做家务来满足，而是确保这些任务得以完成。人们要做的是管理家务。

孩子们绝对应该参与其中。他们应该被分配一些清单上的任务以减轻夫妻的负担，但请确保不要给孩子分配双方都觉得太讨厌的任务。给孩子分配你讨厌做的工作并不会培养他们的个人品质，只会造成怨恨。你还应该事先与孩子们讨论你自己清单上的任务，允许他们从你的家务责任清单中选择。为他们和你及另一半制定任务清单，确保有足够的事情让他们忙碌。

如果选择将部分家务任务转移给家政人员显然会影响预算，但如果你有能力经常或者偶尔雇佣帮手，会在很大程度上减轻负担。

给孩子或其他人分配任务后，我强烈建议你重新评估清单上剩余任务的必要性。

有些女性觉得自己有必要每晚都独自清洗、整理和收拾全家的衣物，脏衣篮里的未洗衣物让她们感到不安。我强烈建议这些女性每周留出一天时间

来做所有的衣物洗涤和整理工作，通常可以在星期六上午开始。将这个任务变成一个家庭项目，让丈夫和孩子们也参与进来，这样妻子就可以在工作日得到足够的睡眠。

这项计划要求丈夫和妻子每晚都要睡足 8 小时，它还要求两人每周有 15 小时的专注时间用于浪漫的约会。这意味着你最终的任务清单必须留给你时间和精力来集中注意力达成最高级别的目标，这可能需要你从清单中彻底删除一些任务。如果没有人做这些事情会怎样？除了你，还有谁会在乎？也许你没有足够的时间来完成只对你重要的任务。

但在你做出决定之前，我的计划还剩下两个步骤。步骤 7 和步骤 8 旨在激励丈夫或妻子帮助完成不在"我们的责任"清单上的任务。

步骤 7：向另一半表达得到帮助的高兴

到目前为止，家务的分配已经是公平的。你根据意愿和实际选择来分配了家务，这种分配满足了伴侣对家务支持的情感需求。

然而，几乎没有哪个妻子希望计划在这里结束。当无法得到外部帮助，又太累而不能自己做时，她希望得到帮助，她希望丈夫能帮她。试图通过贬低对方或刺激他的内疚感来迫使他帮忙是不起作用的，因为这并不具有激励性。但是，她可以做一些其他事情来激励对方，例如可以使用爱意金币这个概念来举例，解释她如果得到他的帮助会有多高兴。

你已经为每个任务分配了数字，即每个任务对你的重要性。现在我希望你再为任务分配一次数字。这次，数字表示如果另一半帮助你或为你承担这个任务，你认为会存入多少爱意金币。使用数字 0 到 5 来表示，0 表示你不会有任何感激，即没有爱意金币；5 表示你会产生最大的感激，并会永远铭记，即无限的爱意金币。

除了妻子，丈夫也应该在他的责任清单上评估感激程度。

步骤 8：在可以获得最多赞许的地方帮助另一半

如果这些评级是准确的，就意味着每当你为另一半完成一个评分为 4 或 5 的任务，或者甚至只是帮助对方完成它，你就将在情感银行里存入数额巨大的爱意金币。你的帮助会使另一半感到快乐，你会受到高度赞赏。知道这一点可能会改变你对完成任务的态度。这可能是你改变的动力。

如果做晚饭或收拾袜子可以在情感银行里大量存款，为什么不做这些事情呢？事实上，如果满足情感需求确实能够创造爱的感觉，为什么会有人拒绝做这些事情呢？这不仅是关爱之举，还是至高无上的智慧之举。通过为对方做最受赞赏的事情，你们会有更大的动力来满足对方的情感需求。当你们为彼此这样做时，会拥有少数婚姻所拥有的状态，那就是在整个生活中都有爱的感觉。

家务支持的需求如何影响计划的这一步呢？当你需要家务支持时，你会希望另一半参与已经分配好的任务。如果他不这么做，你会感到沮丧。这就是家务支持的情感需求的意义所在。因此，如果丈夫需要家务支持，他会请妻子帮助他完成他的任务清单。如果妻子需要家务支持，她同样会请他帮助她。这就是家务支持的需求最明显的体现。你们可以通过帮助对方完成清单上评分为 4 或 5 的任务来满足彼此的这一需求。

请让我重复之前提到的一个重要概念：不要浪费时间在不那么重要的需求上。如果另一半不欣赏你提供的帮助，那么请将你的精力投到满足其他更重要的情感需求中。如果你为另一半做家务而对方不感激你，那就不要做。记住，对方清单上的任何事情都是对方的责任，不是你的。如果你想要帮助对方解除某个特定任务的压力，但实际上那对另一半没有什么影响，就不要浪费时间，请将精力投入更受对方欣赏的其他任务。

对方对你的帮助的反应可以证明情感银行的存款是否增加。如果你完成任务后，另一半感谢你，你就知道你做得对。但如果你完成了一个任务后，另一半忽视了你，那么出于某种原因，你没有为情感银行存款。在这种情况下，请回到最初的任务清单，去选择完成其他有更大影响的任务。

帮助对方完成任务并不意味着这项任务是你的责任，实际上这是分析对方情感需求的重要方式。如果满足情感需求被视为一种责任，那么当情感需求得到满足时，满足它的行为不会得到赞赏。只有从关心出发满足对方的情感需求时，它才能对情感银行产生最大的影响。如果你或另一半把满足情感需求视为理所当然的事，效果往往会大大削弱。

总结一下，当规划家务工作时，根本的指导原则是为情感银行增加存款而非减少存款。承担家务劳动时，请选择那些你比另一半更愿意主动接受的任务，然后找到双方喜欢共同完成的任务，剩下无人认领的任务应该由更想完成这些任务的人来做。最后，如果任何一方对清单上的任务表示欣赏，并且那种欣赏足以激励另一半承担责任，另一半应该提供尽可能多的帮助。

这种家务分工方式保证了伴侣之间的彼此关爱。它阻止你试图以牺牲对方为代价来获得利益，也阻止你试图强迫对方与你过上不愉快的生活。它指引你们走向一个通往幸福和满足的方向，最重要的是，它让你们相爱。

思考和探索

给她的问题

1. 你认为本章提供的公平劳动分工计划如何？它是否能帮助你重新规划家务劳动和照顾孩子的各种任务，并找到最佳的完成方法？
2. 你是否感觉丈夫对你期望过高，或者你对自己完成家务劳动和照顾孩子方面的期望过高？丈夫是使用提要求、不尊重或愤怒的态度来表达期望，还是请求帮助，然后表示感激？
3. 如果丈夫认为家务支持是他的情感需求之一，你如何看待分配家务任务而非自己大包大揽或强迫他参与其中的想法？

给他的问题

1. 你认为本章提供的公平劳动分工计划如何？当你没有为妻子提供她希望得到的帮助时，你感到内疚，还是认为家务劳动和照顾孩子应该是她的责任？
2. 妻子如何尝试激励你帮助她完成家务劳动和照顾孩子的任务？她是使用提要求、不尊重或愤怒的态度，还是请求帮助，然后表示感激？
3. 家务支持曾是你的情感需求吗？这如何影响你对妻子和家庭的期望？

共同的问题

1. 讨论何种情况会加重责任：一种生活标准要求你们在工作上花费很多时间；孩子的活动比你预期的耗时更多；志愿工作从家庭中占用了时间；趣味和娱乐兴趣使你们疏远。
2. 如果任何一方意识到有家务支持的需求，请按照本章中的计划创建公平的劳动分工。尝试几周后再评价该清单的价值。

第 11 章

家庭投入：携手走过每个阶段

安恩和特瑞在他们30岁出头时相遇，当时他们都觉得自己已经准备好安定下来。他们的关系非常好，只有一个问题：特瑞不喜欢安恩的父母，他觉得他们对安恩的生活意见太多了。即使特瑞不请教，他们也主动提出很多建议，这让他非常烦恼。安恩为此感到难过，但她知道其他夫妻的问题更多。她和特瑞在其他所有领域都相处得很好，所以她决定试着与这个问题共存。也许随着时间的推移，问题会自己解决。

特瑞急于离开安恩的家人，这使婚礼的气氛大受压抑。安恩几乎没有时间走亲访友表达感激，她的新婚丈夫就急忙带她去度蜜月了。婚后第一年，安恩尝试让特瑞对她的家庭聚会产生兴趣，但未果。她很快就知道，他与他自己的父母相处都很少，更不用说与她的父母共度时光了。

问题并没有"自己解决"。在两个孩子出生后，安恩意识到特瑞对自己的小家庭也缺乏投入。当孩子还是婴儿时，安恩觉得男人通常都是这样。她想，等孩子长大了，特瑞会对他们更感兴趣。

但特瑞并没有变得更有兴趣。他很少有时间和孩子在一起，当孩子争先恐后地寻求他的关注时，他变得很烦躁。

最终，安恩放弃了希望，她承认自己和一个不重视家庭的人结婚了。她很担心孩子的成长，他们需要父亲。

家庭责任：参与关注孩子的成长

绝大多数女性都有强烈的建立家庭的本能。当真正建立家庭时，许多妻子希望丈夫在孩子的道德培养和教育成长中发挥重要作用。对于妻子来说，理想的情况是和她可以尊重的男人结婚，孩子们也会尊重父亲，并受到他的影响。

如果父亲对孩子的成长缺乏兴趣，母亲会拼命地尝试激励父亲做出改变。也许她会为他买一些关于育儿的书，并放在触手可及的地方。也许她会鼓励他参加家长教师协会赞助的研讨会。她甚至可能请他与家庭咨询师交谈，希望他能被激发出更大的兴趣和投入。但是她的努力通常收效甚微。更常见的情况是，她因丈夫的借口、拖延和冷淡的反应而感到沮丧。也有些母亲甚至会开始在她的家族或朋友圈中寻找其他男人来满足她的需求。

当女人说她希望孩子"有一个好父亲"时，她真正的意思是什么？这句话背后隐藏着她对他履行家庭责任的期望。具有讽刺意味的是，他可能觉得这些责任与他对家务支持的需求相冲突，需求中包括照顾孩子。为了处理这种情况，夫妻必须在两个重要领域进行坦诚的沟通：时间投资和育儿训练。

时间投资：高质量陪伴的意义和价值

丈夫应该为家庭付出时间。通过高质量家庭时间，他可以改善与妻子的关系并增强与孩子的联系。这与基础性的育儿任务，即上一章中讨论的家务任务，如喂食、穿衣、关注孩子的安全不同。高质量家庭时间是指家庭聚在一起为了孩子的道德和教育发展努力的时间。

我已经建议丈夫和妻子每周安排 15 小时的专注时间，这段时间应该用来满足彼此的情感需求，以确保对彼此的浪漫之爱。当我刚提出这个建议时，你可能认为这是不可能的，但为了保持婚姻关系，你可能找到了安排时间的方法。如果是这样，你已经重新安排了优先顺序，把宝贵的时间花在了对你来说最重要的事情上。

但现在我要再提一个建议，这将需要你们重新安排优先事项。我建议每周再增加 15 小时的高质量家庭时间。毫无疑问，与孩子在一起的时间是一周中最重要的时光。如果你想影响你的孩子，伴随他们走向成功，共同度过的时间是至关重要的。但你的日程表中真的还有那么多时间吗？

考虑一下你每周的总时间。每天 24 小时，每周 7 天，你每周有 168 小时。为了身体健康着想，每晚要睡 8 小时，减去 56 小时，剩下 112 小时。如果你估计早上准备上班和晚上准备上床的时间需要 12 小时，那么还剩下 100 小时。包括上下班的时间，每周工作不应该超过 50 小时，如果你工作超过这个时间，将无法实现生活中最重要的目标。在为所有这些事情分配时间后，你还有 50 小时可以安排。你有 15 小时的专注时间和另外 15 小时的高质量家庭时间，剩下 20 小时来完成你想要完成的其他所有事情：家务和育儿任务、园艺、兴趣爱好，或者只是坐在家里放松地读一本书。

每周的日程，也就是时间预算，就像财务预算一样帮助你保持生活的优先级。如果你不做财务预算，会受困于许多低优先级的事项，这会导致你没有钱用于真正重要的事情。时间预算也是如此：如果你没有考虑到最高优先级来安排一周的日程，时间会在你完成重要的事情之前用完。想要为你的家庭做出这个改变，你需要取消目前日程中的一些活动。但请问问自己，你要取消的活动是否比你们彼此的关爱和对孩子的关爱更重要。

一旦在日程中划出了时间，你就可以考虑在这段时间内做些什么了。记住，安排高质量家庭时间的目的是孩子的道德和教育发展，最重要的课程之一是教育孩子如何体贴和关心他人。因此，活动应该把注意力放在互相帮助、展现合作精神方面。请在这段时间里让家庭保持团结，让孩子体会乐趣。在高质量家庭时间里，你应该做什么呢？可以考虑如下活动：

- 一家人一起吃饭
- 家庭会议
- 散步和骑自行车
- 一起玩桌游
- 睡前给孩子读书
- 辅导孩子完成家庭作业
- 家庭项目和家务活动

要确保活动对孩子来说也很有趣，并且你们一家人可以共同完成。

你可能会发现，并不需要为了在日程中留出高质量家庭时间而取消活动，只需要调整。例如，如果你家的用餐时间里，每个人都边吃边忙、单独快速地吃东西，就可以从一起吃饭开始，尝试安排一些家庭集体活动。

最大的时间消耗之一可能是课后的体育、音乐和戏剧活动。这些活动通常只针对孩子，很少有家庭参与的机会。不要让这些活动阻碍你为家庭提供宝贵的影响。请在安排了专注时间和高质量家庭时间后的剩余时间里进行这些课后活动，还可以在高质量家庭时间里安排一些帮助家庭团聚的体育、音乐和戏剧活动。

如果你的孩子在 12 岁以下，你会发现很容易激励他们和你共度时光。但是，一旦他们进入青春期，就会开始考验你的创意。他们开始想要花大部分时间和朋友在一起，待在家里的时间越来越少。为了补偿，请针对青少年精心策划活动，否则他们会非常清楚、强烈地表达不满。

如果你的孩子从小就有这样的高质量家庭时间，那么激励他们继续这种做法应该不会太困难。这并不意味着你不会被孩子的同伴挑战，但是通过精心策划和增加预算，你可以制定出青少年愿意继续参与的活动。但是，如果你试图在孩子进入青春期时才开始高质量家庭时间，他们可能完全不同意这样的安排。我见过父母和孩子之间因为这个问题而发生激烈争执，所以我不得不建议他们放弃高质量家庭时间，那个家庭错失了珍贵的机会。

大多数教育者都意识到，与青少年或成年人相比，儿童更容易受到影响。如果你的孩子还年幼，请最大限度地利用你的能力，用高质量的道德标准和人生原则来塑造他们，这些原则可以为他们带来延续多年的益处。牢记教育孩子走"应当走的路"，并考虑他们未来的需求。如果你在孩子的早期成长阶段认真对待高质量家庭时间，那么你以后就不太可能遇到麻烦。

你希望孩子的道德发展是由他们的同龄人还是你作为父母来塑造的？大多数父母希望两者兼而有之，前提是他们的朋友与父母秉持的道德价值观一致。但是，只有父母帮助孩子在选择朋友时牢记道德准则，这种情况才有可能发生。如果没有高质量家庭时间，父母对孩子的影响以及对他们选择朋友的影响将大大减弱。朋友往往比父母的影响力更大，尤其是当孩子逐渐长大时。因此，使朋友的价值观与父母的价值观保持一致是非常重要的。

育儿训练：养育孩子的原则和技巧

要做好父母，你需要面对一个事实，那就是你需要在这方面接受一些训练。没有人天生就知道如何照顾孩子。每年书店和图书馆的书架上都会出现数百本关于养育孩子的书籍，无数研讨会试图帮助人们学习如何带孩子。这些资源包含了从如何教孩子如厕到如何执行上床睡觉时间的所有信息。以下是大多数母亲会热情推荐给父亲的一些建议和指导原则。

学会达成热情共识

男人绝不应该忽视妻子的教育理念。妻子需要丈夫在孩子的道德和教育发展中与她并肩作战，而不是简单接替她的工作。但许多丈夫不知道如何与妻子协商。他们认为育儿理念中的冲突必须通过力量来解决。父母中的哪一位更强大，哪一位就得到自己想要的。如果妻子胜出，丈夫就退后一步，让她自己来培养孩子；如果丈夫胜出，他希望妻子顺从他的权威。

我发现，对孩子的培养最明智的方法是通过谈判达成热情共识。如果父亲和母亲同意孩子应该遵循的规则，并就违反规则的惩罚达成一致，他们就能避免许多父母的常见错误，同时，丈夫也满足了妻子对家庭投入的情感需求。

如果夫妻双方没有做到这一点，就会分而治之。孩子和母亲达成协议来绕过父亲，反之亦然。为了避免这种古老的策略，当孩子想要某种特权时，父亲和母亲应该私下协商好，然后给出一个双方都同意的答案。

在不同的家庭中，我时常看到孩子成功地操纵偏爱他们的父母。父亲偏爱莫尼卡，母亲偏爱詹妮弗。莫尼卡找父亲要钱，父亲试图在母亲不知情的情况下给她钱。当詹妮弗发现这件事时，她要求得到同样的待遇。母亲试图让父亲给詹妮弗同样多的钱，结果导致丈夫和妻子之间产生了隔阂。为了避免这种情况，所有的决策都应该基于双方的热情共识而做出。如果你和另一半不能达成热情共识，那么在达成热情共识之前不要采取任何行动。

在惩罚孩子的问题上也要如此。共同的意见更能得到孩子的尊重，并且对他们有更大的影响。当孩子知道你们是一起做出这个决定时，就不太可能挑战它。如何惩罚孩子对丈夫在妻子情感银行中的存款产生很大影响。女性对于不恰当和过于严厉的惩罚非常敏感。妻子经常表现得好像丈夫在惩罚她自己一样。因此，丈夫在实施任何惩罚手段之前都应该与妻子达成共识。丈夫和妻子共同规划和实施的纪律不仅强化了双方的浪漫之爱，还反映了丈夫的关怀之爱，因为他向妻子履行了家庭承诺。

这一点对于重组家庭来说尤为重要，夫妻需要在实施对孩子的惩罚之前达成热情共识。如果处理不当，往往会导致离婚，因为单方面的决策可能会导致情感银行大量取款。生父母通常对继父母的几乎任何惩罚都有非常强烈的负面反应，而继子女经常看到这一点并用它来对抗继父母。通常的结果是双方产生了恨意，继子女变成继父母的最大敌人。为了避免这种常见的结果，我建议，在重组家庭中由生父母负责惩罚任务。我还建议，继父母要特别努力地去照顾继子女，成为"所有好事的赠予者"。这不仅有助于在生父母的情感银行中存款，还有助于避免继子女和继父母之间常见的紧张关系。

解释规则的重要性，尤其是体贴他人的价值

孩子需要明白为什么他应该这样做或那样做。因此，父母应该学会清楚、耐心地解释规则。有时，对话可能是这样的。

"强尼，上楼去整理你的床。"

"为什么？"

"因为我们希望你长大后知道如何保持个人卫生和生活环境整洁。"

"为什么？"

"因为整洁使和你一起生活的人感觉好，并且喜欢和你生活。"

"为什么？"

"上楼整理你的床，因为我说的！"

"哦，好的。"

你可以轻易理解对于那些看似无休止的问题的反应，对吧？但是"因为我说的"这句话对孩子的作用不大。当你感到沮丧时，展示"父母权威"可能会有效，可能会让孩子采取适当的行动，但你也可能错过了向孩子解释的机会。在这样的情况下，如果耐心地回答这些"为什么"，你就可以巧妙但明确地传达你的道德、伦理和个人价值观。

在高质量家庭时间中,你们应经常表达体贴和关心彼此的价值取向。但当需要解释我们为什么应该体贴彼此时,要为这个基本价值取向提供一个解释:你希望他人怎么对待你,你就怎么对待他人。体贴是生活中的一个非常重要的目标。

这是一种使我们的生活变得更加轻松的价值取向。抚养那些没有学会体贴的孩子,任务会变得更加困难。如果你想相对和平宁静地抚养你的孩子,并帮助他们确保在生活中的成功和幸福,教导他们体贴他人会让你更接近这些目标。

学会保持一致性

在一些情境中,孩子们很快就会发现,规则可能取决于父母的心情。当父母高兴时,孩子们几乎可以做任何事情:在家里跑来跑去、扔东西、跳到床上、相互大叫,还可以进行水枪战。但当父母回家时心情不好,小心!任何形式的活动都可能引发愤怒的爆发。

如果规则前后不一致,它就毫无意义。孩子没有学到道德原则,而是专注于父母的心情,似乎只有当父亲需要集中注意力做某事,或者母亲感觉不太好时,大声叫喊才是错误的。父母应该一起制定规则,不管自己的心情如何都要坚守它。

家庭规则适用于每个人,父母应该以身作则。如果你想让孩子保持他们的房间干净,父亲的房间也应该是干净的。如果你想让孩子避免争吵,那么父母也不要争吵。请通过你们如何关心彼此来向孩子展示如何关心他人。

学会正确惩罚

剥夺特权是古老的方法，父母用它来惩罚年龄较大的孩子。同时，当管教这个年龄段的孩子时，应该用激励良好行为来替代惩罚不良行为。到孩子成为青少年时，父母应该完全淘汰惩罚，转而使用激励或剥夺特权的方法。对年龄较大的孩子实施体罚可能会给他们留下终其一生的情感创伤。

我区分了惩罚和剥夺特权。惩罚会使孩子遭受情感或身体上的痛苦，而剥夺特权会导致暂时的乐趣丧失。拥有手机是一种特权，如果手机被拿走，与其相关的乐趣也会暂时丧失。在给孩子手机时，应明确告诉他们只是借用，不服从规则可能需要返还。为了安全，请允许孩子在学校随身携带手机。但当他们在家时，要让他们明白手机的使用取决于他们的表现是否良好。

当你教孩子体贴他人的价值取向时，你会发现对他们实施惩罚可能会产生反效果。你不希望他们惩罚别人，那你为什么要惩罚他们呢？他们会立刻看到这种不一致性。

管教孩子的最佳方式是以身作则。当你和另一半通过满足彼此的情感需求，以及保护彼此免受你们不体贴的习惯伤害来表达关心时，你的孩子也会学到什么是体贴。你与孩子度过的高质量家庭时间、教给他们的重要价值观，比如采取行动前考虑他人的感受，都将对培养孩子大有裨益。

学会完全避免生气

很多时候父母在愤怒的状态下惩罚孩子，他们受够了孩子不听话就发火。就在前几天，我在一个购物中心的停车场目睹了这样一个例子。在商店里，一个孩子因为母亲不给他买玩具而哭闹尖叫，一直闹到收银台，又闹到他们的车上。在离开了保安和监控摄像头的注视后，母亲开始无情地殴打孩子，她想让他知道自己犯了多大的错误，我相信他已经明白了。但这是管教孩子的正确方法吗？教给他当别人惹怒你时就打他，这是可接受的吗？

愤怒的爆发是一种暂时的疯狂，它造成的伤害是危险和不可预测的。如果你观看自己愤怒爆发的视频，就会明白我的意思。但这正是你的孩子在你用愤怒惩罚他们时所看到的，他们看到了失去理智的父母。即使愤怒的爆发可以让孩子听话，它的风险也太大了。骨折、永久性伤害，甚至死亡都有可能发生。

伴随愤怒的惩罚通常不起作用。想想我在商店里看到的那个不听话的孩子，我敢肯定，在那次事件之前，他的母亲已经打过他很多次了，但那不起作用。这是因为愤怒中给出的惩罚并不是经过仔细计划的，它是冲动的。它只会教给孩子，愤怒是被允许的发泄挫败情绪的方式。

任何儿童心理学家都不会推荐用任何形式的愤怒作为管教孩子的工具。在惩罚孩子之前，请控制你的愤怒。将你的情感与惩罚行动分开，你将成为一个更有效的纪律维持者。

需求平衡：找到爱情和育儿之间的平衡点

我经常听到新手父亲的抱怨，说他当初的恋人已经变成了一个对浪漫失去兴趣的人。当一位母亲被抚养孩子的新责任压倒时，很容易发生这样的情况。但如果夫妻在抚养孩子的岁月中安排了 15 小时的专注时间，这是可以避免的。

离婚发生在结婚的第一年最常见，其次是夫妻生下第一个孩子的那一年。这难道不悲哀吗？造成这一悲惨现实的原因通常是夫妻未能满足彼此的亲密需求。育儿的优先级与浪漫的优先级相竞争，育儿赢了。

当女性从恋人变成母亲，大多数男人看到的只是自己失去了性满足和休闲陪伴的机会。但同时可能发生的是，妻子对于爱与关怀、亲密对话的需求也没有得到满足。夫妻失去了隐私和彼此专注的时间，丈夫无法满足妻子的亲密需求。即使他成为一个好父亲，在孩子的个人发展中起到积极的作用，也不能弥补他未能满足妻子的亲密需求所带来的缺憾。所以，当妻子希望丈夫将空闲时刻都花在照顾孩子上，而忽略了自己对专注时间的需求时，夫妻之间的浪漫之爱也面临着很大的风险。

在婚姻中，育儿和浪漫的共存太重要了，我为此专门写了本书来帮助夫妻平衡两种需求的冲突。

思考和探索

给他的问题

1. 你对家庭是否投入？这在高质量家庭时间和育儿技能培训方面意味着什么？
2. 你在以下方面是否存在困难：处理愤怒、实施惩罚、保持一致性或就对孩子的惩罚与妻子达成共识？
3. 你是否被责任压垮？你如何尝试与妻子沟通你的多重任务？她看上去可以理解你吗？

给她的问题

1. 母亲的角色是否干扰了你与丈夫的关系？丈夫曾经抱怨过吗？
2. 你是否曾经需要鼓励丈夫在孩子的道德和教育发展中发挥更大的作用？如果是这样，效果如何？什么方法可能更有效？
3. 你和丈夫是否一起努力学习育儿技能？你们面临的育儿问题是什么，需要关注吗？

共同的问题

1. 诚实地分享上述问题的答案，要尊重对方。
2. 你们为孩子设定的道德和教育目标是什么，你们的意见是否一致？你们应该如何惩罚孩子，你们的意见是否一致？
3. 每周安排 15 小时的高质量家庭时间，在此期间计划一些活动，帮助你们实现孩子的道德和教育目标，但不要让这段时间影响到你们为彼此安排的专注时间。

第 12 章

赞赏感恩：爱的正能量循环

"哦，查尔斯，谢谢你。这是一幅多么美妙的画作！以前从没人送给我他自己的原创艺术品。你真的很有才华。"

"我不知道，洛丽。我还有很长的路要走。"

"你低估自己了，亲爱的。你真的很棒。我对艺术还是懂一些的。你是个出色的艺术家，我为你感到骄傲。"

在洛丽和查尔斯的热恋时期，以上对话常常发生。洛丽总是对查尔斯大加赞赏，查尔斯觉得很开心。他以前从未被如此赞美过。

但查尔斯并没有选择继续艺术生涯，他没跟洛丽商量，就决定从事广告工作。根据他的艺术家朋友和同事的经验，他觉得做一个艺术家可能永远都无法养家糊口。更糟糕的是，查尔斯的工作时间很长，甚至在周末也要工作。有了第一个孩子时，洛丽觉得查尔斯最初的吸引力已经荡然无存。她不再是和一个艺术家，而是和一个从事她并不尊重的工作的人结了婚，而这个人总是在外工作很长时间。

洛丽开始确信查尔斯永远不会继续发掘他自己的潜力了，她的赞美之词逐渐减少，最后完全消失了。取而代之的是，她批评他的职业选择，抱怨他在家中缺乏对她的支持。她对他们的生活状态感到不满。

"查尔斯，我们需要谈谈。"某个晚上，当查尔斯再次晚回家时，洛丽突然对他说，"我对你在工作上花费的时间非常不满。我和孩子几乎看不到你。"

"我也希望能更多地待在家里，但我突然接到了很多工作，必须马上完成。"他回应说。

洛丽很愤怒："你把所有的时间和精力都投入到工作中去了，但我根本不在乎这些。而且，你并没有帮助我抚养我们的孩子！"

查尔斯感到被冒犯了。他这么努力地为家庭工作，而洛丽没有因为他为家庭所做的一切而心怀感恩。所以他没有再说什么，上床睡觉去了。

生了两个孩子只是让他们的关系更加恶化。现在，洛丽对查尔斯说的几乎每句话都充满了批评。为了避免这些不愉快的互动，查尔斯在家里的时间变得更少，有时他甚至在办公室过夜。最终，他们来到我这里寻求帮助。

赞赏和感恩：情感需求是否得到满足的指标

赞赏和感恩在词义上有所不同，赞赏通常指你对某人的称许，而感恩则是对某人为你做的事情的回应。我赞赏并尊重打破世界纪录的伟大运动员，但我感恩为我修剪草坪的人，尽管我支付了报酬，但因为他，我就不必自己动手了。

在婚姻中，这两个词反映了同一种情感需求。当洛丽赞赏查尔斯能够创作艺术品时，她也感恩他送给自己画作。但是，在查尔斯选择了她并不看重的职业道路并为此花费时间而疏远家庭之后，洛丽不再赞赏他所做的工作，也不再感恩他通过努力工作获得收入。

在婚姻中，如果你赞赏另一半，就会倾向于感恩他/她为你所做的付出。当你感恩另一半为你所做的事情时，就会愿意赞赏他/她。

赞赏和感恩都应该发自内心。确实，你可以口是心非地说出表示赞赏或感恩的话，但那是不诚实的。我在婚姻中非常强调开诚布公，虚伪地表达对彼此的赞赏或感恩与开诚布公原则背道而驰。

有些人可能认为洛丽不感激查尔斯的收入是很自私的。就像一个孩子在游乐园玩，最初没有得到想要的东西，就整天都在生气，洛丽似乎无法摆脱做一个著名艺术家妻子的梦想。可怜的查尔斯，一旦放弃了靠画画为生的雄心，他所做的任何事似乎都不再能满足妻子了。

但我不会这么快地评判洛丽。在这本书中，我强调了满足情感需求的三个重要因素：质量、数量和互惠。质量指的是满足需求的有效性，数量指的是满足需求的频率，互惠是确保双方都能享受满足对方需求的过程。

查尔斯赚钱养家的努力既没有符合质量标准，也不具有互惠性。质量标准方面的失败是因为他选择的职业没有满足洛丽对经济支持的情感需求，因为洛丽觉得这浪费了他的艺术才华。她也不喜欢查尔斯长时间不在家。而查尔斯没有做到互惠性是因为他的职业和他为之投入的时间并没有得到双方的一致同意。

所以，如果一方要获得赞赏感恩，他应该做的事情是另一半珍视的，这件事情要能满足另一半的情感需求。

恋爱时，洛丽满足了查尔斯最重要的情感需求：赞赏。她对查尔斯艺术才华的赞赏影响了他做的几乎所有的其他事情。洛丽赞赏查尔斯的一切，这是查尔斯爱上她的一个重要原因。但现在查尔斯从事的是洛丽不看重的职业，并且在帮助抚养孩子方面查尔斯也没有做出太多贡献，她看不到他身上有任何价值。当她不再肯定查尔斯做的任何事情时，洛丽怎么能够赞赏他呢？她真实的反应变成了批评。

批评和提诉求：表达问题而非发起战争

批评是赞赏感恩的反面。钦佩和感恩可以建立一个人的自信，批评则可能会击败一个人。

丈夫或妻子希望另一半成为他们的头号粉丝而不是最严厉的批评者，但有些人认为批评另一半是自己的权利和义务。所以，他们没有用称赞来满足另一半，而是用不赞成来抨击对方。

这正是洛丽所做的。她不仅没有满足查尔斯的前5大情感需求之一，而且还通过非常不尊重的方式加重了这个错误。她没有赞赏查尔斯为家庭所做的事情，反而通过批评使他受到伤害。

请理解，我不建议掩盖婚姻中的问题。我特别鼓励夫妻向彼此表达不满。但如果表达不满让对方感到不尊重，那么这样做不仅无效，还会对关系造成很大的伤害，尤其是当对方需要的是赞赏的时候。

但我认为批评和提诉求有区别。提诉求是明确表达你想要解决的问题，例如："最近我在性生活方面有挫败感，我想更经常地和你做爱。"这是在提诉求。批评则加上了不尊重。"你让我在性生活方面太失望了。我不知道你会变成这样一个糟糕的爱人。"这个附加的判断把提诉求变成了批评。

哪种需求表达方式更有可能找到解决方案呢？一种方式将问题放在了议事日程上进行讨论和协商，另一种方式则会引发斗争。

当婚姻中的一切似乎都在变糟时，赞赏对方可能会很困难，但不要因为不尊重而导致情感银行大量取款。如果你有抱怨，请把它摆到桌面上，但要把批判性判断咽回肚中。

积极改变的计划：3个步骤从批评到感恩

洛丽也希望赞赏丈夫，但她不知道如何诚实地做到这一点。因此，我为她提供了一个计划，帮助她在丈夫应该得到赞赏的时候赞美他，同时将批评转化为提诉求。

有时，婚姻走向失败会导致夫妻停止寻找其中的价值。他们如此渴望摆脱婚姻，以至于他们说服自己，让自己相信对方是不值得尊重的。但这是一种错觉。事实是，无论面临多大的困境，每个人，尤其是你的另一半，都是有价值的。

我鼓励洛丽开始在查尔斯身上寻找价值。当想到查尔斯所做的事情，想到他的特长时，洛丽开始发现她真正赞赏和感恩的东西，她把这些发现写下来，这会帮助自己记住并且珍视它的价值。没过多久，她就可以对丈夫的一些长处表达真诚的赞赏了。

当然，找到值得赞赏和感恩的事情然后表达并不完全是查尔斯所需要的，他希望洛丽看到他现在的价值，就像她恋爱时看到的那样。所以我的主要关注点是帮助查尔斯给洛丽提供更多让她赞赏的东西。所以，查尔斯需要做我在整本书中一直鼓励的事情：满足洛丽的前5大情感需求。

你已经知道情感银行如何运作，并且已经学会通过满足彼此最重要的情感需求来创造爱的感觉。创造赞赏和感恩的过程也是非常类似的。当丈夫学会满足妻子最重要的情感需求时，妻子会发现自己自然而然地对丈夫充满了尊重。相反，如果丈夫不能满足妻子的需求，她就不能完全真诚地表达丈夫需要从她这里得到的尊重。因此，她对他的赞赏很大程度上取决于他满足她重要情感需求的能力。

考虑到这个观察结果，我的计划会帮助男性识别并满足这样的需求。

步骤1：识别建立或破坏赞赏感恩的行为

我鼓励洛丽制作清单，清单的第一栏列举丈夫让她赞赏和感恩的行为，第二栏列举丈夫破坏她对丈夫的赞赏和感恩的行为。在这个清单中，她根据自己的5大情感需求对行为进行了分类：爱与关怀、亲密对话、经济支持、开诚布公、家庭投入。以下是洛丽的清单：

	我赞赏感恩的行为	破坏赞赏感恩的行为
爱与关怀	• 在一起时握住我的手。 • 下班回家时拥抱我。 • 给我送惊喜的卡片和花。	
亲密对话	• 和我聊天，讨论我们的一天是如何度过的。 • 对我的日常活动感兴趣并与我讨论。	• 埋头于工作，当我感到不安时不和我说话。
经济支持		• 没有发展他的艺术天赋。 • 晚上和周末工作。 • 没有经过共同讨论就决定了职业选择。
开诚布公	• 总是告诉我他去了哪里并留下紧急情况下我可以联系他的电话号码。	• 尽管我能看出他很沮丧，但他否认被什么事情困扰。
家庭投入		• 不花足够的时间和我以及我们的家人在一起。 • 不管教孩子，完全把管教孩子的任务留给我。 • 很少对孩子的活动表现出兴趣，从不参加家长会。

洛丽的清单中包括她对查尔斯职业选择的失望。查尔斯现在可能很难更换职业，除此以外，洛丽对他未能满足家庭投入的需求也很失望。他对孩子

的漠不关心让洛丽感到不满时，查尔斯不会参与讨论。他觉得自己已经忙得不可开交了，没有时间参与孩子的生活，因此他觉得讨论这个问题对他们没有帮助。所以，如果他能满足洛丽对家庭投入的需求，他们亲密对话和开诚布公的问题就都有可能得到解决。

步骤 2：消除批评

如果洛丽继续以不尊重的方式表达自己的不满，婚姻修复的希望将会非常渺茫。她不断的批评让查尔斯远离了家庭，使他感到待在家里是一种惩罚。所以洛丽承诺停止批评他的任何事情。她转而用尊重的方式向查尔斯提出自己的建议，尊重地表达"我希望你能经常和我们在一起"，而不是反过来说："你是个糟糕的丈夫和父亲，我对你非常失望！"

步骤 3：处理破坏赞赏和感恩的行为

接下来是最艰难的部分。要使洛丽发自心底地赞赏和感恩查尔斯的付出，查尔斯就必须做出一些重大的生活方式改变，甚至需要冒着更换职业的风险，因为说到底，洛丽不同意他的职业选择。但在解决工作问题之前，我建议他首先关注洛丽的 3 个主要情感需求：家庭投入、爱与关怀和亲密对话。

即使查尔斯在家时，他也很少提供洛丽赞赏和感恩的那种爱与关怀和亲密对话。查尔斯在家的时间不够，也不知道洛丽在家庭投入方面可能会欣赏些什么。他是个经常不在家的父亲。

他们找我寻求建议，于是我给了他们一个解决大部分婚姻问题的建议。但对他们来说，遵循这些建议并不容易，这需要他们完全重新安排他们的日程。幸运的是，他们信任我的判断并愿意按照我建议的方式先尝试一段时间。

第一，如第 2 章中提到的，我希望洛丽和查尔斯能够建立浪漫的关系，每周在一起度过 15 小时的专注时间，这将满足洛丽对于爱与关怀、亲密对话的情感需求，同时也满足查尔斯关于性满足和休闲陪伴的情感需求。第二，如第 11 章提到的，我要求他们每周安排 15 小时的高质量家庭时间，这段时间将满足洛丽对家庭投入的需求。

这将花掉查尔斯原本每周在工作上花费的 30 小时，他现在要用这些时间和他的家庭在一起，他能做到吗？他能立刻重新安排时间表吗？

我对洛丽和查尔斯重复了我在第 11 章中提到的一点：即使他们两人都有职业，夫妻之间也要给予对方专注时间和高质量家庭时间。在婚姻中，浪漫关系和高质量育儿是否真有那么重要，重要到成为优先考虑的事项？我相信你们心中自有答案。

我向洛丽和查尔斯介绍了一个我通常建议给双职工和有小孩的夫妻的每周时间表。它保证了专注时间和高质量家庭时间的优先级。双职工和有小孩的家庭使这个时间表相当具有挑战性，但也是可以做到的。遵循这个时间表几周后，一切都会落到实处，人们会发现这是一种非常有益和富有成效的生活方式。孩子大一些、可以照顾自己的家庭或者夫妻中有一方全职在家的家庭，实施这个时间表通常要简单得多。

我的计划要求的时间表比洛丽和查尔斯过去的生活习惯要紧凑得多。首先，他们每天上下班的时间必须大致相同。此前他们也可以克服困难做到这一点，但那时他们认为这并不必要。过去他们的用餐时间是分开的，我的计划要求他们全家一起吃饭。

洛丽和查尔斯与我合作，修改了原始的时间表以适应他们生活的现实情况。经过调整后，我们做出了第一周的计划安排。

积极改变的一周计划安排表

星期一到星期五

- 6:00　洛丽和查尔斯起床、淋浴和穿衣。
- 6:30　两人一起给孩子们穿衣，一起准备早餐，全家一起吃饭。（5天的家庭高质量时间：每天1小时，共计5小时）
- 7:30　查尔斯带孩子们去托儿所，然后去工作。洛丽离开家去工作。
- 8:30　两人都到达工作地点。
- 8:30至16:30　工作期间，上午、中午和下午分别至少发送一次信息或通一次电话，下班前再通一次电话。如果可能的话，发送信息和通电话的频率可以更高。
- 16:30　互相联系，确保他们大约在同一时间到家。因为查尔斯的工作地点离家更近，所以由他离开工作地点去托儿所接孩子，洛丽同时离开工作地点。
- 17:00　查尔斯接孩子回家。

星期一、星期三、星期五

- 17:30至20:30　洛丽和查尔斯回家，一起准备晚餐，全家一起吃晚餐，一起清理厨房，其余时间照顾孩子，并确保孩子们在20:30之前上床睡觉。（3天的高质量家庭时间：每天3小时，共计9小时）

- 20:30 至 21:30　一起完成家务。
- 21:30 至 22:00　准备上床并入睡。

星期二和星期四

- 17:30 至 18:00　洛丽和查尔斯回家，把孩子带到洛丽的母亲家，在他们 21:00 回家之前，孩子们吃晚餐并洗澡。（对于孩子尚小的家庭，21:30 睡觉可能太晚，时间必须进行相应的调整。）
- 18:00 至 20:30　洛丽和查尔斯的约会时间，包括爱与关怀、亲密对话和休闲陪伴。他们还同意在这段时间亲密。（2 天的专注时间：每天 2.5 小时，共计 5 小时）
- 20:30 至 21:00　接孩子回家并安顿他们入睡。
- 21:00 至 21:30　亲密。（2 天的专注时间：每天 0.5 小时，共计 1 小时）
- 21:30 至 22:00　准备上床并入睡。

星期六

- 6:00 至 8:00　如有需要，可以多睡会儿，醒来后在床上拥抱，然后淋浴。
- 8:00 至 9:00　两人一起给孩子们穿衣，一起准备早餐，全家一起吃饭。（1 小时的高质量家庭时间）
- 9:00 至 10:00　一起做家务，确保所有工作都完成。
- 10:00 至 15:30　进行任何双方都同意的个人项目或活动。如有需要，可用于工作时间。观看足球比赛或者单独小睡一会儿。
- 15:30 至 16:00　把孩子们送到洛丽的母亲家，在那里他们会一起吃晚餐，并在 21:00 前洗澡并准备好回家。
- 16:00 至 21:00　洛丽和查尔斯的约会时间，包括爱与关怀、亲密对话和休闲陪伴。在接孩子之前，他们在家中亲密。（5 小时的专注时间）
- 21:00 至 21:30　接孩子回家并安顿他们入睡。
- 21:30 至 22:00　准备上床并入睡。

星期日

- 6:00 至 8:00　如有需要，可以多睡一会儿，洛丽和查尔斯醒来后在床上拥抱，然后淋浴。
- 8:00 至 9:00　一起给孩子们穿衣，一起准备早餐，全家一起吃饭。（1小时的高质量家庭时间）
- 9:00 至 10:00　一家人一起准备外出。
- 10:00 至 12:00　一同在外参加活动。
- 12:00 至 17:00　吃午餐，和其他家庭共同游戏或相互探访。然后，将孩子们送到洛丽的母亲家，他们会在那里吃晚餐并在 21:00 之前洗澡并准备好回家。
- 17:00 至 21:00　洛丽和查尔斯的约会，包括爱与关怀、亲密对话和休闲陪伴。在接孩子之前，他们在家中亲密。（4小时的专注时间）。
- 21:00 至 21:30　接孩子回家并安顿他们入睡。
- 21:30 至 22:00　准备上床并入睡。

洛丽的母亲很乐意尽可能地经常照顾她的外孙子和外孙女，因此洛丽和查尔斯很容易为她安排这 15 小时的看护时间。但她是否愿意在未来几年中持续提供这种照顾呢？我鼓励洛丽和查尔斯为突发情况安排替代人选，或者也减轻洛丽母亲的一些负担。

在这个日程中，计划了 15 小时的专注时间和 16 小时的高质量家庭时间。为了适应这种变化，查尔斯在工作中的时间必须从大约每周 75 小时减少到大约 45 小时。

他能在 45 小时内完成原先需要 75 小时的工作吗？他拿固定薪资，额外的加班时间并没有得到加班费。然而，查尔斯坦率地承认，他在工作中的大部分时间都是效率不高的。所以，也许他可以在更短的时间内同样完成工作。

调整和适应：让爱在沟通互动中流淌

在洛丽和查尔斯度过了他们的第一个约会周之后，我在他们星期二晚上的约会时间通过电话与他们沟通并规划第二周的日程，以便进行任何他们认为必要的调整。这个日程比他们预想的要顺利得多，所以他们决定维持现状。只要洛丽不批评查尔斯，他们俩就都喜欢在一起的时间。事实上，他们反馈说，这个日程降低了他们的整体压力。他们一起的独处时间是对白天所有其他责任的奖励。这是他们的逃离方式：与对方在一起。

照顾孩子和家务职责也变得更加愉快。一起完成这些任务让洛丽特别高兴，因为她之前对查尔斯缺乏参与感到有些怨气。她也很高兴能知道查尔斯会在什么时候回家。他们的职业生涯也比以前更加愉快，双方眼中开始绽放出光芒。

几周后，洛丽发生了彻底的变化，她再次爱上了查尔斯，她发自肺腑地赞美他，她发现查尔斯变成了一个出色的父亲和爱人，怨恨不满已经成为过去式。查尔斯也再次爱上了洛丽。我每周给他们做的浪漫之爱测试，即情感银行测试也确认了这一点，这样的结果对于任何见过他们在一起的人都是显而易见的。

洛丽最初对查尔斯作为艺术家的看法已经消失。的确，如果查尔斯以某种方式培养了他的艺术才能，洛丽本会为他感到骄傲，但现在她为查尔斯成为伟大的丈夫和父亲感到骄傲，并且经常向他表达这种赞赏。现在查尔斯花时间和家人在一起并满足了她最重要的情感需求，所以他在广告业的职业不再让洛丽感到困扰。

我偶尔与洛丽和查尔斯联系，他们告诉我，新的约会日程彻底改变了他们的生活。这个日程表很有用。

我建议每一对夫妻都基于实际情况为专注时间和高质量家庭时间规划日程表。我先给他们提供一个基本日程表，他们试着将其纳入日常生活，然后我们一起根据他们生活的实际情况进行调整。洛丽和查尔斯是最难安排日程的夫妻之一，因为他们都有工作，孩子还年幼。对于只有一方工作或孩子年龄较大的夫妻，日程安排要简单得多。但有些夫妻由于缺乏照看孩子的帮手或者其他障碍，日程安排更具挑战性。不过，我发现，即使是这些夫妻，最终也能够创造一种生活方式，使他们能够专注于为子女提供道德和教育发展的支持，同时彼此也保持浪漫关系。

在查尔斯开始满足洛丽的主要情感需求后，洛丽的赞赏感恩来得自然而然。然而，有些人不容易表达他们内心的感受。他们仅仅能够感受到满意，并不意味着他们会说出来。当出现这种情况时，我鼓励赞赏和感恩另一半的人学会表达，就像养成任何其他习惯一样。

他们必须努力说出自己的想法和感受，并且要反复地说。起初，这样做似乎很尴尬，因为任何新的行为都是这样的。但随着习惯的形成，这样的行为会变得更加流畅和自发。最终，他们能够几乎毫不费力地表达自己的赞赏感恩，从而满足他们另一半的情感需求。

思考和探索

给她的问题

1. 你是否在对丈夫表示赞赏感恩方面遇到了特别的问题?他是否曾要求你少批评他或鼓励你珍惜眼前的一切?你愿意避免批评他吗?
2. 你希望被赞赏感恩吗?你是如何向丈夫传达此需求的?他又是如何回应的?
3. 列出丈夫需要做出的改变。如果丈夫也列出他希望你做出的改变,你会如何反应?你愿意为了满足他的需求而做出这些改变吗?
4. 你如何看待洛丽和查尔斯的时间表?你认为有必要重新规划日程吗?

给他的问题

1. 你是否在对妻子表示赞赏感恩方面遇到困难?她是否曾要求你少批评她或鼓励你珍惜眼前的一切?你愿意避免批评她吗?
2. 你希望被赞赏感恩吗?你又是如何向妻子传达此需求的?她又是如何回应的?
3. 列出妻子需要做出的改变。如果妻子也列出她希望你做出的改变,你会如何反应?你愿意为了满足她的需求而做出这些改变吗?
4. 你如何看待洛丽和查尔斯的时间表?你认为有必要重新规划日程吗?

共同的问题

1. 你们怎么看这一章中建议的整体计划?你们都愿意避免相互批评吗?
2. 你们都愿意列出改变的清单,练习互相赞赏感恩吗?
3. 你们愿意尝试参考洛丽和查尔斯的日程表吗?

第三部分
浪漫之爱的维系与重建

任何心甘情愿，都来自成全和满足。

第 13 章

保护情感银行：抵御外部威胁

恋爱的感觉在婚姻中极其重要。它不仅为夫妻双方提供了期望中的激情，还使得他们产生满足彼此情感需求的渴望。当夫妻相爱时，所有的婚姻咨询建议都更容易做到。爱的感觉使得人们几乎只用本能就可以维持婚姻。

但如果你与另一半以外的他人坠入爱河，所有应该和另一半分享的一切都会本能地转向其他人，因相互照顾而形成的理性联结的另一半被某个无法提供长期幸福和安全的人取代。

我认为那些有外遇的人的推理能力像迷雾。他们似乎无法认识到错误的严重性以及他们给自己和他人带来的痛苦。浪漫之爱会让人失去方向。在婚姻中，浪漫之爱增长了我们的智慧，帮助我们实现一些最有价值的目标，帮助婚姻更加安全。在婚姻之外，浪漫之爱只会让我们变成傻瓜，破坏家庭最宝贵的东西。

考虑到与另一半之外的其他人坠入爱河的风险，你必须守卫你的情感银行，严防外部侵入者。当异性在你的情感银行中存入足够的爱意金币而达到浪漫之爱的阈值时，爱的感觉就会被触发。"怎么可能？"你过去可能会问。

现在你应该知道答案了，如果某个人满足你一个或者多个情感需求，并在质量上和数量上达到浪漫之爱的阈值，就会产生爱情的感觉。如果你给另一半之外的人机会，你会发现自己置身于外遇的迷雾之中。你内心的一切都会鼓励你与这个让你感觉非常愉快的人多多共度时光，即使这样做对你的另一半、孩子、价值观、生计、健康以及对你其他所有重要的事物都构成威胁。

在婚礼上，人们发誓对彼此忠诚，特别是在身体上忠于彼此。但大多数外遇并不是从性开始的，它们开始于其他重要的情感需求得到满足，这些需求触发了浪漫之爱，这通常又会导致性关系。任何人所做的能够引发爱的感觉的事情都是对婚姻的威胁。所以，为了避免自己爱上另一半之外的人，你必须保护情感银行。你还必须小心自己对另一半的情感银行的影响。

在介绍重要的预防措施之前，我需要问一个重要的问题：谁对出轨或外遇负责？

谁对出轨或外遇负责

我提供婚姻咨询服务已经超过 50 年了。基于数千起外遇案例的咨询经验、实证研究以及我阅读的学术理论，我相信超过 60% 的婚姻都经历过背叛。这意味着婚姻中有大量破坏承诺的情况发生。在你认为这不会发生在你身上之前，几乎每对夫妻也都是这么想的。

当帮助夫妻度过外遇的痛苦时，我从一开始就明确指出，出轨的一方需要完全对其背叛行为负责。我把它说得很简单：没有人逼你发生外遇。没有人。

外遇的发生可能有某些原因，但这些原因并不会改变责任归属。促成外遇的各种因素可能汇集在一起打破了原有的界限，但责任不会改变。即使外遇是无意中发展起来的，出轨的一方仍然必须为此负责。

为什么应该不惜一切代价避免外遇？因为据那些有亲身经历的人说，这是婚姻中甚至是生活中可以发生的最痛苦的背叛。出轨的一方体验到的快乐与遭到背叛的一方经历的痛苦相比简直不值一提。

外遇是可以预防的。但要防止某事发生首先要决定谁来负责。对责任的任何误解都会增加未来的隐患。能否成功从外遇中恢复过来也取决于对责任的理解。如果没有这种理解，就几乎不可能会有转机，外遇也很可能会再次发生。虽然恢复到之前的婚姻关系需要双方的合作，但双方都必须明白，出轨的一方对外遇负有全部责任。

我将在这一章重点讨论如何预防外遇，下一章将重点讨论婚姻关系的恢复。

7 项预防措施守卫爱的堡垒

外遇带给婚姻如此多的痛苦和不幸，但它又是如此普遍，每个人都应该意识到外遇的风险。这是人们对曾承诺要爱护和保护的另一半所能做的最糟糕的事情。有些预防措施可以防止不忠。在我的婚姻中，我一直采取这些措施，我也推荐给找我咨询的每一个人。

1. 不过度关注和关心伴侣以外的异性。对女性来说，爱与关怀是重要的情感需求，意味着对方关心自己。当男人对女人所面对的问题表达关心，并在她需要他的时候愿意出现，他就可以向情感银行存入大量的爱意金币，这时她就会陷入爱河。虽然拥抱、卡片、礼物和其他友善的做法并不是意在引发对方的浪漫感受，但可能会带来无心的后果。当妻子向其他男人表示感情时，她们也可能犯同样的错误。

这是否意味着人们永远不应该拥抱异性？这是否意味着人们不应该帮助有需要的异性？并不是。我建议的是，对异性的感情和关心行为应该有所限制。

确定行为应该限制到什么程度的一种方法是，夫妻可以互相询问他们如何看待对方对其他人表现出的友好感情。如果其中一方不喜欢另一方对其他人或某个特定人的感情表达方式，另一方就应该避免这样做。这不仅是体贴的表现，而且可以帮助夫妻避免外遇的风险。当一方抱怨另一方的示好举动可能会传递错误的信息时，他／她通常是对的。

夫妻不仅应该避免对异性表达感情，而且还应该抵制从其他人那里接受感情的表达。当异性表达随时愿意在需要时提供帮助时，应该引起警觉。当然，当一个人的婚姻出现问题时，关心的表达可以令人振奋。当你的另一半似乎没有对你显示太多兴趣时，有人在乎你让你感觉安慰。但在这种脆弱的时期，你应该从信任的咨询师或专业的婚姻顾问那里寻求帮助，他们可以为婚姻问题提供解决方案。

2. 与他人沟通交流时注意分寸和边界。爱与关怀和亲密对话有很多共同之处：它们都传达了关怀之爱。这就是它们都成为亲密需求的原因。亲密对话包括希望和梦想、生活中的挣扎、胜利和失败等个人话题。只要能表达深层思想和感受，它就是亲密对话。这样的对话对几乎每个人都非常重要，尤其是对女性。当女性与异性分享生活中的亲密细节时，会有大量的情感银行存款存入。这就是为什么亲密对话是婚姻中一个必不可少的成分。

但如果丈夫拒绝说话，妻子应该去哪里满足她对亲密对话的渴望呢？当一个男性朋友问"你感觉怎么样"时，回答这个问题是如此简单，而那种亲密的对话又如此令人满足，以至于她很可能会爱上对她的回答感兴趣进而展开对话的那个男人。

大多数外遇从没有浪漫意图的亲密对话开始。但情感银行不考虑意图，只考虑一个人的情感账户余额。一旦超过了浪漫之爱的阈值，它就会为错误的人触发浪漫之爱，这对于婚姻是一个悲惨的结果。

这项预防措施尤其适用于关于婚姻问题的话题。当"你感觉怎么样"这个问题的回答是一连串眼泪和对婚姻的深深失望时，另一个人会强烈地想要出手相助："当你的丈夫忽视你或对你不好时，我会在这里帮助你。"愿意接受这种情感帮助是很多外遇的开始。

社交网络是外遇最常见的滋生地之一，这是有道理的，因为人们通过网络交流自己的亲密细节，并为面临的问题得到彼此的支持。难怪那么多的男人和女人会爱上一个只通过社交网络联系的朋友。所以不仅仅是面对面的对话，所有向异性披露个人问题的交流都应该避免。

3. 坚持和维护性关系的独占原则。几乎所有的夫妻都在婚姻开始时发誓要在性的方面彼此忠诚。他们了解外遇的风险，但不一定理解性生活的独占性应该到达什么程度。所以我会重复一条在第 5 章中向你们介绍的生活法则。这条法则最大化了夫妻为彼此提供的性愉悦，同时最小化了外遇的风险，我称之为性关系的独占原则：永远不要参与任何没有另一半参与的性行为。

性关系的独占原则需要双方的合作。如果你们是彼此唯一的性伴侣，那么你们应该在质量和频率上满足彼此对性的期待，这样双方都不会感到受挫。当然，如果你们并不相爱，对性满足的需求较低，这可能会特别困难。然而，与所有情感需求一样，如果你们尽可能以双方都享受的方式进行性行为，那么双方情感银行的账户余额都会上涨。最终，当你们恢复对彼此的爱时，做爱就几乎变成本能了。

4. 尽量避免与伴侣以外的人共同娱乐。 请与另一半一起度过大部分的休闲时光，这样当你玩得开心时，对方也可以获得同样的享受。避免与异性朋友一起参与娱乐活动，因为只要你与对方在一起玩得开心，就可能在情感银行的账户中积累爱意金币。

我发现，一起锻炼是在情感银行中存款的最快方法。有很多生理原因可以解释这一点。因此，基于这个原因，你应该避免与另一半以外的异性一起锻炼。健身房是外遇开始的常见地点。

5. 如果异性说觉得你很有吸引力，可以感谢对方的赞美，但不要回应。 同时，请告诉另一半这件事。一般来说，请避免告诉任何另一半以外的异性你觉得对方有吸引力。如果对方觉得你有吸引力，请避免与那个人见面或交谈。

6. 避免与所有过去的恋人接触。 高中和大学同学会、婚礼甚至葬礼，都是众所周知的外遇高发地。如果必须参加这些活动，请确保另一半始终在你身边。

7. 立刻离开另一半之外的超过浪漫之爱阈值的其他人。 即使你采取了我推荐的所有预防措施，还有可能会有其他人在你情感银行的存款超过浪漫之爱的阈值。如果你发现自己迷恋上了另一半之外的人，无论出于什么原因，立刻离开！要不惜一切代价回避那个人。如果你遇到这种情况，第一个知道的人应该是你的另一半。然后请和另一半共同规划如何与那个人断绝联系。通常来说，朋友甚至另一半的亲戚都有机会接触你并在你的情感银行中存款，因此断绝联系并不容易。我不知道有多少夫妻的"最好的朋友"最终被证明是背叛者。朋友或亲戚当然是最有可能存入爱意金币的人。无论是谁，你都不要和他们有任何关系，即使这意味着你要辞职或搬家。最重要的是，不要告诉他们你的感受。

这些预防措施旨在利用个人责任感来自我暗示："由我来守护我的情感需求。"不要依靠另一半保护你的情感银行免受其他人伤害。永远不要威胁或者暗示另一半，如果对方不满足你的需求，你就会去找其他人。相反，请继续使用这本书和我写的其他书，与另一半一起学习如何互相满足对方的情感需求，并且享受这个过程。

正如之前提到的，我在婚姻生活中采取了我列出的这些预防措施，并没有觉得有丝毫的受限或不快乐。它们能帮助我避免外遇，而外遇是我可能做的最糟糕的事情，为避免外遇带来的伤害，采取任何可能的预防措施都是值得的，就像避免任何其他高风险一样。我们为什么要吸烟增加肺癌或喉癌的风险？任何即时的愉悦与长期吸烟者被迫忍受的慢性死亡相比都不值一提。直到有了外遇才采取预防措施的人通常也都意识到了这些原则的价值，并觉得应该早些采取它们。但那些没有看到它们的价值并且不愿意采取预防措施的人，将继续面临未来的痛苦和损失的风险。

这些建议与背叛的灾难相比只有小小的不便。它们不仅防止了外遇，还在婚姻中建立了更强的情感纽带。采取这些措施是非常值得的。

情感银行存款清单

第一部分：满足最重要的情感需求

1. 识别你最重要的情感需求：
   - 阅读"10大情感需求"（见附录A）。
   - 复印两份"情感需求问卷"（见附录B），一份给你，一份给你的另一半。
   - 完成问卷并根据它们的重要性对你的前5个情感需求进行排序。

2. 成为满足伴侣最重要情感需求的专家：
   - 同意成为满足彼此前5个情感需求的专家。
   - 探索如何满足彼此的情感需求，包括数量和质量，即"你希望我多久满足一次你的需求"和"你希望我怎样满足那个需求"。
   - 从数量和质量的不同角度给予对方反馈，并且注意提供具体和积极的建议，如"我希望你能做……"，而不是只给予消极的反馈。
   - 允许采用新的方式满足情感需求，并且为它留些时间，享受这个过程。
   - 以互惠的方式满足彼此的需求，永远不要期望对方受苦。
   - 继续互相反馈你们最重要的情感需求，直到你们能够满足彼此的需求。可以安排一个固定的反馈时间。
   - 如果你在成为满足另一半重要情感需求的专家方面需要帮助，请阅读本书。

第二部分：遵循"专注"的原则

1. 隐私：
   - 规划你们在一起的专注时间，避免孩子、亲戚或朋友的干扰。
   - 避免其他分心的事物，这样你们可以全心全意地关注彼此。

2. 目标：
   - 当你安排在一起的时间时，选择能满足爱与关怀、性满足、亲密对话和休闲陪伴的活动。

- 选择双方都喜欢的娱乐活动。

3. 数量：
   - 每周至少安排 15 小时的专注时间。选择每周的某个固定时间来制定时间表。
   - 克服阻碍彼此专注的财务障碍，比如加入互助托儿团体，重新安排预算优先级，或善用创意，选择经济实惠的娱乐活动。
   - 尽量在每周的同一时间安排约会。

第三部分：与异性保持距离

1. 避免满足另一半以外异性的重要情感需求，并避免让另一半以外的异性满足你的情感需求，特别是爱与关怀、性满足、亲密对话和休闲陪伴。
2. 避免与过去的恋人接触。
   - 如果你发现自己迷恋上了另一半以外的人，不管出于什么原因，不要犹豫，立即逃离！并把这件事告诉你的另一半。

第 14 章

度过外遇风波：恢复和重建生活

如果你和伴侣都遵循了本书的建议，特别是上一章的建议，你将永远不需要知道如何度过外遇的风波，因为你永远不会有那种令人恐惧的经历。但是，如果你的婚姻中确实发生了外遇，这一章将帮助你进行"灾后重建"。

起初，我不认为有婚姻能够度过外遇的风波，我不知道哪些婚姻能够顺利度过此类危机。但很多前来咨询的夫妻仍然希望我提出一些建议，他们通常是为了孩子考虑。随着时间的推移，我逐渐制订出一个恢复计划，可以解决每一类复杂的问题。这一章是该计划的简短总结。

从变心到出轨：外遇实录和真相

亚历克斯轻轻叹了口气，伸手关了灯。然后他转过身来亲了亲贾斯敏的脸颊。"晚安，亲爱的。"他轻声说。

贾斯敏没有回答，因为她已经睡熟了。这并没有让亚历克斯感到意外，他知道如果为了做爱而叫醒贾斯敏，她会有多生气。他躺下来，将被子拉到肩膀上。很久以前，他就已经放弃了那种自怨自艾的失败者游戏。他只是必须面对这样一个事实：贾斯敏不再对性感兴趣了。他觉得，他们刚结婚的几年里，没有孩子之前，她对性还是感兴趣的。

第二天早上，亚历克斯赶上7:30的通勤火车，向希瑟和布兰登打招呼，他们在同一家公司工作。在手机上浏览早间新闻时，他想起自己的午餐还没有着落。"嘿，你们俩，"他喊道，"今天我的午饭搭子出城了。你们俩有人有空吗？""抱歉，"布兰登告诉他，"我必须去城市的另一边。"

亚历克斯看向希瑟，一个高挑、纤细的女人，相貌平平但很斯文。"我很愿意和你一起吃午饭。"她态度明朗地回答。

"我已经有段时间没有见过她了。"亚历克斯想。希瑟和他上的是同一所高中，他们失去联系好几年，直到开始在同一家公司工作。几个月前，当他们开始共同安装一个新的计算机系统时，友谊之火重新燃起。但是，一完成那个项目，亚历克斯就回到了5楼的办公室，而希瑟还留在7楼。

"你知道吗，"亚历克斯在那天的午餐时告诉希瑟，"我有点高兴布兰登今天要去城市的另一边。""我也是，"希瑟笑了笑，"自从你下楼之后，我就很想念你。我们早该一起吃顿饭了。"亚历克斯也表示同意："是的。做那个项目时是我很长时间以来最开心的时光。"

"那个系统真的很有效，订单的处理时间几乎缩短到了零。"

"我并不惊讶。"亚历克斯笑了，"为什么呢，有你和我，它怎么可能失败呢！"

第14章　度过外遇风波：恢复和重建生活

离开餐厅时，亚历克斯和希瑟计划下周再见面。很快，中午的约会成了他们的固定日程。有一次，希瑟送给亚历克斯一本关于加密货币的书，几周后，亚历克斯回赠给她一条既简单又漂亮的手链。当他在午餐时段送给她时，希瑟的脸上光芒四射。她轻轻地亲了亚历克斯的脸颊。

"希瑟，我必须诚实地告诉你，"亚历克斯有些尴尬地说，"我对你的感情越来越深。这个……嗯，这不仅仅是友情。"

"亚历克斯，"她低声回应，"我也有同样的感觉。"

"我从未告诉过你我对贾斯敏的感觉……"

"你永远不需要这么做。"她安慰他说。

"但我想说。以前我从来没和任何人谈论过这件事，现在我想和你说。"

"那就说吧。没关系的。"

"我们结婚后，我没意识到自己陷入了什么。我以为我们有很多共同的兴趣，会花很多时间在一起，但那些在一年里都消失了。现在她做她的事情，我做我的。她不喜欢我和她谈论工作，还抱怨我挣的钱不够。大半时间，我晚上回到家就像是走进了一个疯人院。"

希瑟以同情的态度沉默着。下班后，亚历克斯来到希瑟的住处和她"聊聊"。

第二天早上，当亚历克斯在希瑟的床上醒来时，他觉得希瑟看起来很漂亮。他亲吻了她裸露的肩膀，看到她睁开眼睛，笑了。"嗨，帅哥。"她轻声说。亚历克斯温柔地回应："你好，美女。"

从那天晚上开始，亚历克斯和希瑟似乎彼此沉迷了。亚历克斯这辈子从未体验过如此热情而持续的性爱。

起初，贾斯敏对亚历克斯只有些模糊的猜疑，但随着他缺席的次数增加，她的猜疑很快变成了怀疑。除了偶尔在城里过夜，他周末的下午也开始不在家。终于，有一天晚上，贾斯敏决定求证一下自己的疑虑，她打电话给杰克，亚历克斯之前说他计划和杰克一起过夜。杰克说亚历克斯还没有到，但他的犹豫让贾斯敏产生了怀疑。她给亚历克斯打电话，他没有接。

贾斯敏记得听过亚历克斯热情地谈论和希瑟一起进行计算机项目的工作，她也知道希瑟住得离这儿不远，并且发现希瑟很可疑。一个星期六的下午，当亚历克斯消失后，贾斯敏雇人照看孩子，开车去了希瑟的公寓。当她开车到希瑟居住的街区时，看到亚历克斯的车停在拐角处。

贾斯敏停车后，找到了希瑟的公寓，深吸了一口气，然后按了门铃。希瑟穿着睡衣来开门。

"贾斯敏！"她的声音稍微大了一些，"哎呀，真没想到……"

"对不起，希瑟，这显得很粗鲁，但我必须亲自进去看看。"她走过希瑟身边，径直穿过公寓走到卧室。在那里，她看到亚历克斯正在匆忙地穿裤子，其他衣服仍然挂在床旁边的椅子上。

"贾斯敏！我……"

第 14 章　度过外遇风波：恢复和重建生活

贾斯敏转身离开公寓，一句话也没说，像是没有看到希瑟，出去的时候也没关门。一上车，贾斯敏就哭了起来。在开车回家的路上，她试图强迫自己思考。离婚似乎是她唯一的选择。

亚历克斯和希瑟站在前窗边，看着贾斯敏开车离去。"你打算怎么办？"希瑟问。"我得去追她，试着让她冷静下来。别担心，亲爱的，一切都会好起来的。"亚历克斯说，然后离开了。他回到家，看到贾斯敏的车停在车道上，发动机还在运转，车门半开。他关掉了引擎，把钥匙放进口袋，然后关上车门。他走进前门，听到孩子们在哭。困惑的保姆告诉他，他的妻子上楼去了。他付了钱让她回家，然后去找贾斯敏。贾斯敏把自己锁在卧室里。亚历克斯叫了她几次后，意识到最好先照顾孩子们。他出去买了一些快餐，又把孩子们哄睡了。这段时间，卧室的门始终紧闭着。

亚历克斯又一次敲了门。没有回答。"贾斯敏，求求你。"他轻轻地恳求。

门上的锁"咔"的一声，他再次尝试打开门。门开了，贾斯敏坐在床上，眼睛哭肿了。他走到她身边："我真的很羞愧，亲爱的……"

"你怎么还敢叫我'亲爱的'！"她嘶吼道。

"但是，贾斯敏，我爱你和孩子们。你们对我来说意味着一切。我不明白我怎么会这样对你。"贾斯敏再次开始哭泣，亚历克斯本能地试图安慰她。

"别碰我！"她喘着气从他身边挣脱开，坐到床的中间，"你怎么能这样做？我恨你！"

"贾斯敏，求你……这永远不会再发生了。我一定是疯了。求你再给我一次机会。"他的眼中涌上了泪水。

"你这个骗子！你说必须在杰克那里过夜都是在撒谎，不是吗？！"

"贾斯敏，请不要这样……"

"不要撒谎，那只会使事情变得更糟！"

"你说得对，我再也不会撒谎了。你要相信我！我只能保证这种事不会再发生了。你和孩子们对我来说太重要了。一切都结束了，贾斯敏。我是认真的。"

直到凌晨3点，对话还在继续。亚历克斯乞求贾斯敏的怜悯和谅解，而贾斯敏带着愤怒和痛苦猛烈地攻击他。最后，由于精疲力竭，她选择休战并允许亚历克斯上床。

在接下来的几天里，亚历克斯继续表现出悔过之情，并设法让贾斯敏平静下来。那一周结束时，他让贾斯敏确信他是因为一时失心疯才会和希瑟发生关系，这种事不会再发生了。

亚历克斯确实停止了和希瑟的午餐约会，但他在第一时间给她打了电话："我很想见你，但现在我不敢。我太爱你了……我真的不知道该怎么办。"

"亚历克斯，毫无疑问，我也爱你。但我希望你能维持你的婚姻。我不想害你离婚。"

"希瑟，你太好了。别担心。我会尽我所能。如果我真的离婚了，那不是你的错。"

亚历克斯坚持了两周，然后和希瑟约在一个偏僻的地方吃午饭。他说："我无法停止想你，以及我们之间的一切。我生命中从未有过，并且再也不会有这样的体验。"希瑟只能握住亚历克斯的手，泪水涌出。那以后的一周他们在杰克的公寓见面，恢复了之前的关系，甚至感情变得更加热烈，仿佛过去几周的分离为他们积蓄了新的能量。之后，他们尽可能频繁地见面。在城里过夜是不可能的，因为贾斯敏会怀疑。然而，一个星期六的下午，亚历克斯忍不住悄悄地离家，去了希瑟的公寓。他没有意识到贾斯敏已经看到并跟踪了他。他再次被发现了，这次贾斯敏彻底失控了，她命令亚历克斯离开他们的家并提出离婚。

亚历克斯考虑过与希瑟同居，但还是决定不这么做。他租了另外一个房子，坐下来思考发生的事。他不仅意识到自己想念贾斯敏和孩子们，还意识到他还有很多其他事情要考虑：他会被家人和朋友拒绝，请律师、支付赡养费和抚养费都要花费大笔金钱。他还想到了公司关于办公室恋情和维护家庭的政策，他可能会因此失去工作，至少也会错过一个即将到来的晋升机会。

大约在他搬出去一星期后的一个晚上，亚历克斯给贾斯敏打电话："请再给我一次机会。我认为在这事发生之前我们的婚姻就已经有问题了。我试图忽视一些事情，那是不对的，我本应该与你一起去寻求婚姻咨询师的帮助。贾斯敏，我真的想拯救我们的婚姻和家庭。你愿意和我一起去见咨询师吗？"

起初，贾斯敏不知道该如何回应。亚历克斯说得对吗？也许她也有部分责任，而且她确实想见咨询师。"好吧，"她最后回应说，"我愿意试一试。"

在那周结束之前,亚历克斯搬回了家。他与希瑟进行了一次简短的对话,告诉她自己仍然爱她,但他不能离婚,至少目前还不能。

在咨询过程中,亚历克斯试图解释他为什么认为婚姻出了问题,以及为什么对贾斯敏抱有怨恨。"亚历克斯,"咨询师说,"你需要明确地告诉我们你认为哪里出了问题。要具体一点。"

亚历克斯开始详细描述,谈到了贾斯敏对性的冷淡态度、对他职业的不感兴趣,以及不愿意分享他喜欢的活动。然后他提到了贾斯敏对家务问题的不断抱怨,尽管她从未出去工作过。

贾斯敏听到这些开始思考,也许很多问题真的是她的错。

然后,咨询师要求亚历克斯完全诚实地问答,他是否仍然爱着希瑟。

"是的。"亚历克斯带着羞愧和挑衅的混合情感说。亚历克斯没有告诉他们,他和希瑟已经恢复了关系并且仍然在杰克的公寓度过午餐时间。咨询师也没有问。

在接下来的几个月里,亚历克斯一边继续与希瑟的关系,一边参加咨询。他欺骗了贾斯敏和咨询师,让他们相信他对妻子的永久忠诚是真心实意的。他学会了如何更小心地行事,与希瑟的会面也不再那么冲动。

亚历克斯、贾斯敏和希瑟被困在了一个典型的爱情三角关系中,除非他们采取一些违背直觉的行动,否则这一切都不会有好结局。正如我在上一章中解释的,外遇的责任应该完全归咎于亚历克斯。然而,贾斯敏正在考虑是不是她自己的错,而他们的咨询师也并没有反驳这一点。亚历克斯通过将注意力集中在贾斯敏而非自己身上，成功地欺骗了她和咨询师。

有很多夫妻向我咨询，他们对于外遇的描述显然有各自不同的解释。每一次我都必须帮助他们理解真正的原因：亚历克斯没有保护好他的情感银行。正是这种理解帮助我制订了计划来解决他们的创伤，帮助他们避免再次发生外遇的风险，建立他们关系的透明度，并恢复他们的浪漫关系。

困难的路径：应对挑战和坎坷

经常有人问："当像亚历克斯和贾斯敏这样的夫妻经历外遇时，你是如何帮助他们渡过难关的？当这真的发生时，你会对他们说些什么呢？"

坦率地说，当我刚开始为发生外遇的夫妻提供咨询服务时，我不认为他们的婚姻可以继续下去。我最初的想法是，他们可能最多能为了孩子忍耐，但生活中将会充满怨恨和遗憾。我不确定他们可以经受住考验，创造出比以前更好的婚姻。

事实证明，我发现真正度过外遇困境的唯一方式是让夫妻遵循我的恢复规则，这将使他们的婚姻变得充满激情和满足感。如果他们的婚姻不能比以前更好，就没有恢复关系的必要。

为了实现这一结果，我会引导夫妻选择一条困难的路径。他们需要遵循很多规则，如果没有双方的全力合作，这个计划就不会奏效。但当人们遵循规则时，结果是出乎意料的，有成千上万的幸福夫妻证明了这一计划惊人的成功率。

步骤1：结束外遇

第一步是结束外遇。当婚姻中不忠诚的一方与第三者断绝所有联系，再也不见面、不交谈时，外遇就结束了。

我一次又一次地看到不做出彻底和果断的决裂会导致什么后果。他们试图保持"朋友"关系以及偶尔的社交接触。但不可避免地，他们会再次回到彼此的怀抱。看来，当涉及这样的关系时，人们的判断力非常有限，有一种几乎不可抗拒的力量吸引他们回来。

即使没有再次点燃外遇的风险，双方有任何联系，遭到背叛的一方都会觉得外遇仍然存在。因为外遇是一方对另一方可以施加的最有伤害性和最自私的行为，任何接触都会恢复记忆并延续痛苦。这是终极的背叛。

对于一些人来说，外遇是以正确的方式结束的。不忠诚的一方给情人写了一封信，信中表达了外遇给被自己背叛的另一半带来了多少痛苦，以及这次经历是多么轻率。信中还表达了重建婚姻的愿望，并明确表示永远终止所有联系。被背叛的一方读了信并同意寄出。我将在下一步中解释，他们在信寄出后采取了特殊的预防措施，避免不忠诚的一方将来与情人再次接触。

但是，大多数外遇都是以错误的方式结束的，它自然消失了。大多数不忠诚的一方并没有控制局势并决定主动结束关系，而是尽可能长时间地继续这段关系。然而，外遇通常不会持续很长时间。我估计95%的外遇不会持续超过两年。那些最终与外遇对象走向结婚的少数，夫妻之间的关系也极其脆弱，比普通夫妻更容易离婚。所以，即使外遇不是以正确的方式结束，它也还是会结束。

如果不忠诚的一方不愿意以正确的方式结束外遇，我会建议采取一种加速它结束的方法：主动暴露。你的父母、兄弟姐妹、孩子、你情人的家人，特别是你的另一半都应该知晓。暴露外遇就像把一个发霉的壁橱打开，让阳光照射进去。外遇在秘密中进行得很好，但当它被所有人完全看到时，就显示出它的真面目：令人难以置信的愚蠢和轻率。

即使主动披露关系在结束外遇方面收效甚微，我仍然会推荐这么做。被背叛的一方需要尽可能多的支持，公开可以帮助朋友和亲戚了解正在发生的事情。保密对任何人都没有真正的帮助，我一直很惊讶公开外遇是如何破坏它所带来的美好幻觉的。不忠诚的一方很快就会明白，外遇是一张通往地狱的单程票。

不忠诚的一方对公开的第一反应是试图转移对方的注意力："我永远也不会原谅你这样伤害我。你难道没想过这会对我产生怎样的影响吗？"当然，真正的伤害是外遇。公开外遇只是识别痛苦的源头。不忠诚的一方应该是那个乞求宽恕的人。

尽管外遇对被背叛的一方造成了很大的痛苦，但在这段公开期间，他/她应该尝试尽可能多地进行情感银行存款，并尽可能少地取款。如果被背叛的一方因为外遇而争吵，婚姻就会难以恢复。要坚持要求背叛的一方与情人完全分开，一生不再有任何联系，但不要为此发生争吵。我称这种策略为结束外遇的计划 A。

如果曝光没能立即结束外遇，接下来针对双方需要采取不同的行动。我鼓励大多数丈夫执行计划 A，尽量避免争吵，并尽量长时间地满足另一半的情感需求，最好持续 6 个月到 1 年。但是，如果丈夫仍然与情人保持联系，我则会鼓励大多数妻子在大约 3 周后分开。经验告诉我，大多数女性在与不忠诚的一方生活时的健康状况会迅速而显著地恶化，男性则更能经受住风暴，情感或身体受影响较少。我称这种完全分离的策略为计划 B。

除了避免健康问题，分离还有助于保证不忠诚的一方在另一半的情感银行账户余额不再减少。与不忠诚一方的日常互动会导致情感银行大量取款，因此夫妻暂时分离实际上可以通过暂时冻结被背叛一方的情感银行来帮助婚姻。当外遇结束时，如果不忠诚的一方想给予婚姻一个恢复的机会，另一方不太可能离婚。

暂时分开的另一个优点是，一些由被背叛的一方满足的情感需求突然不再被满足，在有孩子的夫妻中尤其如此。通常，不忠诚一方会忽视另一半对家庭的贡献。尽管情人可能满足了原本由另一半满足的两个情感需求，但其他三个情感需求是情人也无法满足的。在分离期间，不忠诚的一方可能会强烈地意识到缺少了什么。

当被背叛的一方认为是时候分开时，我建议依照计划 B 完全与对方分开，绝对不要直接和对方接触。不忠诚的一方应该做出选择，是与被背叛的另一半还是与情人保持联系，不能同时与两者保持联系。应该指定人员在夫妻之间传递信息和帮助探视孩子。但是，在不忠诚的一方承诺完全结束外遇、与情人完全不接触之前，分离都应该继续。在分离持续两年之后，如果不忠诚的一方与情人的接触仍然继续，我通常建议离婚。

步骤 2：创建透明度

当不忠诚的一方结束外遇并同意重建婚姻时，必须采取非常措施来预防外遇复发。外遇依赖于所谓"秘密的第二人生"。你知道或者至少猜测，你的另一半不会允许你的第二人生存在，所以你的生活中有一部分是隐藏起来的。当一个人能够自由地来来去去而不用承担任何责任时，就会像亚历克斯那样，可以相对无辜地发生外遇。因为几乎没有什么阻碍，所以外遇的诱惑很大。

因此，我鼓励夫妻通过透明的生活来结束他们秘密的第二人生。这不仅可以防范外遇，还可以创造亲密感，建立相容性。透明度不是对不良行为的惩罚，而是健康婚姻的必要成分。

夫妻遵循我在第 7 章中介绍的开诚布公政策时，透明度就会出现："向另一半披露关于你自己的尽可能多的信息：你的想法、感受、习惯、好恶、个人过往、日常活动和未来计划。"

定位应用程序是创建透明度的好工具。但是，不忠诚的一方必须理解，这样的应用程序不单纯是让被背叛的一方成为缓刑监督官的工具。相反，它应该被用于恢复被背叛一方的信心。你所在的位置信息在对方试图重建信任时非常有帮助。要被视为值得信赖，你就必须建立值得信赖的记录。定位应用程序就具备这样的作用。

此外，什么都不应该被隐藏。密码、电子邮件、短信、电话记录、计算机历史记录和所有其他形式的通信记录都必须随时供对方检查。这就是我和我的妻子乔伊丝在我们几十年婚姻中的生活方式。通过揭示关于自己的一切，我们避免了外遇，透明度也在其他许多方面帮助我们维系婚姻。这不是终身监禁，公开透明不会阻止我们获得最需要的东西，相反，这是一个充实生活的方案。

如果我为亚历克斯提供咨询，我会鼓励他为贾斯敏提供一个 24 小时的行踪表，贾斯敏也应该这样做。他们不是在扮演对方的缓刑监督官，而是在努力维持情感联结。这样的行踪表是必不可少的，因为夫妻会在一天中的不同时间互相联系，以协调他们的决策和活动。贾斯敏应该每天打几次电话给亚历克斯，亚历克斯也应该给贾斯敏打电话，这样他们就可以互相报平安。

夫妻 24 小时互相报告行踪感觉如何呢？诚然，对于像亚历克斯这样的人，这种检查制度也有缺点。虽然它会为贾斯敏提供一些安慰，但在一开始可能会让亚历克斯感到非常烦恼。亚历克斯习惯于独立的生活方式，他现在却必须为他的时间和活动做出解释。他在做任何事情时都必须考虑到贾斯敏的感受。换句话说，他被迫对妻子表现出体贴，被迫考虑周到。这就是成功婚姻中的夫妻所做的，但亚历克斯还没有重新学习在做决策时表现出体贴和周到，一开始，他会觉得和自己结婚的人像是一个缓刑监督官。

通常情况下，不忠诚的一方面对透明度的要求，又要与之前的情人断绝联系，容易表现出抑郁。亚历克斯可能在试图挽救他的婚姻，但他觉得很痛苦。他非常爱希瑟，她满足了他一些最重要的情感需求，现在他要与希瑟断绝联系，而且要面对这种检查，亚历克斯觉得自己被困住了。

步骤 3：满足彼此的情感需求

外遇通常会满足一个人最重要的情感需求：爱与关怀、亲密对话、性满足和休闲陪伴。当最终不忠诚的一方决定和解并避免与第三者有所接触时，通常希望被背叛的一方可以学会满足这些情感需求。我发现，在我咨询的众多夫妻中，他们的情感需求大多都得到了满足。

但被背叛的一方可以做的比第三者更多，尤其是当这对夫妻有孩子时。

第 14 章　度过外遇风波：恢复和重建生活　183

第三者永远不可能在家庭中取代另一半的位置。在我为夫妻咨询的大部分时间里，我都利用了这一点。

我问不忠诚的一方："如果你爱你的另一半，你会选择与谁共度余生？"典型的回应是："但我不爱我的另一半。"当我重复问题"但如果你爱你的另一半，你会选择与谁共度余生"时，答案总是另一半。这是合乎逻辑的答案，因为对家庭来说，维持婚姻有诸多好处。

所以，在外遇后帮助夫妻恢复关系的主要目标是让他们的婚姻关系和外遇一样充满激情。我不希望他们在激情和理智之间做选择：外遇提供激情，婚姻提供理智。我希望他们既有激情又有理智，而这只能在他们的婚姻中找到。

如果一切按照我的计划进行，贾斯敏将在性生活方面完全放开自我，并开始以享受的方式参与亚历克斯的生活。贾斯敏会为了更好地了解他的工作，开始读关于计算机和编程的书，更进一步，她可以开始在家中给亚历克斯更多支持，并停止批评他赚钱不够或不做家务。

所有这些可能需要很多个星期或几个月。亚历克斯要提供足够的爱与关怀、亲密对话，这方面的不足就是贾斯敏在性生活方面如此消极的原因。亚历克斯不能仅仅批评贾斯敏对他的计算机世界不感兴趣，还必须学会与贾斯敏谈论她的兴趣和感受。贾斯敏非常需要亚历克斯与希瑟分享的那种高质量的对话。

显然，贾斯敏对开诚布公的情感需求已经严重受损。亚历克斯必须付出时间和努力来重新赢得她的信任，但如果他学会如何与她透明沟通，这是可以做到的。

我会特别提醒贾斯敏，她已经开始了一段漫长且充满坎坷的旅程。事实上，有一段时间，她可能会发现自己努力付出的一切几乎没有得到积极的回报。她不应该期望由于她行为的改变，亚历克斯会突然变得更加爱她、关心她并对她忠诚。相反，正如我提到的，亚历克斯最初会有抑郁的反应。如果能够诚实地描述自己的想法，他会告诉贾斯敏，他花了很多时间想念希瑟。一开始，贾斯敏甚至可以预期亚历克斯会有一些谎言和欺骗。亚历克斯会受到想要偷偷地再次与希瑟见面的诱惑。

无论贾斯敏多么努力地满足亚历克斯的需求，他在相当长一段时间内都仍会被希瑟吸引。即使他们通过满足彼此最重要的 5 个情感需求重新点燃他们自己的爱情，所有的努力可能也无法完全熄灭外遇的小火苗。那火焰可能微弱，但不会完全熄灭。正如酗酒者终生对酒精上瘾，永远不敢再碰一杯酒一样，亚历克斯终生都会难以抗拒希瑟，因此他不应再见她。人总是难以忘怀过去的浪漫关系。

长久的关键：正视和满足情感需求

当一个人发现自己的另一半有外遇时，他 / 她可能遇到了人生最大的打击。这也会让夫妻双方进入情感的过山车。但当一对夫妻遵循我设计的恢复计划时，他们经常告诉我，如果不是外遇，他们永远不会主动迈出改变关系的重要一步，他们的关系可能永远不会像现在这样亲密。从这个角度看，外遇为夫妻提供了创伤性的触发器，终于让他们开始满足彼此的重要情感需求。一旦他们开始满足这些基本需求，婚姻就会变成他们期望的样子。

当然，大多数从未经历过外遇后重建婚姻的人会觉得他们永远都不会再爱或再信任不忠诚的另一半，但我指导过的数千对夫妻是活生生的证明，这是可以做到的。

毫无疑问，在外遇之后学会满足彼此的情感需求比外遇之前更加困难，过程也更加痛苦。但无论是否有外遇，只要夫妻双方学会满足彼此的情感需求，尤其是亲密需求，如爱与关怀、亲密对话、性满足和休闲陪伴，他们都可以建立充满激情和满足的婚姻。

第 15 章

让爱永存：他需她要的永恒篇章

完成这本书之前，我想重点强调两个词：水火不容（incompatible）和难以抗拒（irresistible）。这两个词是理解和应用本书原则的关键。根据《美国传统词典》(*The American Heritage Dictionary*)，水火不容的定义是："不和谐的；对立的。"难以抗拒的定义是："具有压倒性的吸引力。"

夫妻相处不融洽时，我们可能会把他们形容为水火不容。然而，我们曾经也会称那两个同样的人对彼此是难以抗拒的。因为他们觉得彼此难以抗拒，所以才在婚姻中做出了终生的承诺。

夫妻一开始都是彼此难以抗拒的，只有在他们不满足彼此的情感需求时才变得水火不容。当婚姻之外的某个人可以满足那些需求时，外遇就会发生。然后，第三者变得令人难以抗拒。

说第三者是难以抗拒的可能会有误导性。第三者很少是完全不可抗拒的。在大多数外遇中，第三者只满足了部分情感需求，通常只有一两种。被背叛的一方仍然满足其他三四种情感需求。正如我一再尝试展示的，当不忠诚的一方陷入外遇中时，他强烈地需要两个人：留在家里的另一半和第三者。失去其中任何一个的想法似乎都是无法忍受的。

一些人设法硬着头皮在两者之间做出了选择。无论选择哪一方，他们都从罪恶感和羞愧感转向了悲伤和痛苦。他们感到低落并表现出抑郁，因为那些他们选择离开的人满足的需求现在都得不到满足。

例如，当出轨的丈夫选择回到妻子身边时，他可能觉得自己为家庭做出了巨大的牺牲。在大多数情况下，他被迫放弃了自己满意的性关系，也许是他一生中第一次经历的。他"做了正确的事情"，得到了一些满足感，但这几乎无法减轻他的痛苦，也无法减轻失去外遇所带来的怨恨。

如果这个出轨的男人选择了第三者，他会深感羞愧，因为他抛弃了一个在许多方面都爱他、关心他的妻子。如果有孩子，罪恶感和羞愧感就会大幅度增加。

在脱口秀、流行书籍和文章中流传着一个常见的谎言：离婚并不一定会伤害孩子。当然，在一些特殊情况下，离婚可能是两害相权中较轻的一个，例如，当婚姻涉及严重的酗酒、虐待和家暴、精神病等情况时。但在我见过的绝大多数情况下，离婚都会对孩子造成毁灭性的打击。将离婚的后果合理化不仅忽视了血淋淋的真相，也很残忍。

在我看来，陷入外遇的一方如果选择回归家庭并努力解决自我需求的矛盾，通常能相对健康地度过这段时间。而那些放弃婚姻而选择外遇的人会持续受到罪恶感的困扰。少数能够与第三者结婚的人会在新的婚姻中发现同样的问题。如果解决这些问题，他们通常就会知道，他们本可以做同样的事情来挽救第一段婚姻。

治愈情感破裂的良方

想要治愈水火不容或变成对方难以抗拒的人，最快速的方法是满足彼此最重要的情感需求。幸福的夫妻已经意识到了这一原则，并学会把婚姻放在第一优先级。这些夫妻投入了努力，并且是在正确的方向做出努力。

我在不同的地方看到过这个原则发挥作用。我曾经在明尼苏达州双城地区提供过一项交友服务，旨在帮助有共同兴趣和目标的人相互认识。但是开启这项服务不久，我发现一个非常现实的问题。那些已经注册的约500个用户既需要机会扩大社交，又在满足他人情感需求方面缺乏技巧。然而，他们每个人都渴望找到一个能很好地满足他们自己情感需求的人，并希望这个人照顾他们。他们抱怨说自己只遇到了自私和不体贴的人。当然，他们看不到自己的自私和不体贴。

因此，我对交友服务进行了重组。与其帮助用户遇见合适的人，不如帮助他们成为值得相处的人。我帮助他们培养技能和其他品质，使他们变得对异性有吸引力。一部分交友服务的用户接受了我的新理念，并努力成为擅长满足其他人情感需求的人。对于这些人来说，我的交友服务非常成功。新获得的能力使他们在任何地方都对异性有吸引力，许多人在两年内结婚了。

我认为我们的社会未能培训人们满足他人的需求，尤其是满足伴侣的需求。这在很大程度上导致了离婚率居高不下。婚姻不是一个简单的社会制度，并不是每个人都会因为坠入爱河而参与其中，并从此过上幸福的生活。只要我们没有认识到婚姻的复杂性需要专门的技能和相应培训，离婚率将继续居高不下。

在进入下一个议题之前，让我强调如下内容：每个人都是独一无二的。尽管男人和女人的亲密需求并不相通，但任何人的情感需求都是独一无二的。因此，每对伴侣可以通过完成问卷了解他们可以如何使彼此最快乐。这是很重要的。以下章节回顾了让人难以抗拒的基本条件，你和你的另一半可以根据自己不同的情感需求修正阅读。

成为互相喜欢的伴侣

难以抗拒的男人

丈夫可以通过学习满足妻子 5 个最重要的情感需求来使自己变得难以抗拒，以下是统计中最常见的需求。

1. **爱与关怀**。他用言语、卡片、鲜花、礼物和普通的礼貌行为表达自己对她的关心。他每天都抱她、吻她很多次，创造一个充满亲密感的环境，明确地重复表达对她的关心。

2. **亲密对话**。他每天都抽时间与她交谈，谈论他们的生活事件、他们的孩子、他们的感受或他们的计划。但无论话题是什么，她都喜欢这种交谈，因为对话中没有苛求、评判或愤怒，而总是建设性的。像她希望的那样进行交谈，他对她的回应都是充满兴趣的。他永远不会因为太忙而没法"简单聊聊天"。他与她的交谈传达了他对她的关心。

3. **开诚布公**。他告诉她关于自己的一切，不留下任何在未来可能吓到她的秘密。他描述自己的情绪、过去的事件、每日日程和未来计划。他永远不会给她留下错误的印象，对自己的想法、感受、意图和行为都保持真诚。

4. 经济支持。他承担起为家庭提供住所、食物和衣物的责任。如果他的收入不足以提供基本的支持，他会通过提高自己的技能来解决问题。他不会工作很长时间而远离他的妻子和家庭，但能够通过每周工作 40～50 小时来承担家庭责任。如果妻子有追求事业的愿望，他会鼓励、支持她，但他并不依赖她的薪水来支付家庭的生活费用。

5. 家庭投入。他认识到对孩子的关心对她来说至关重要，并投入足够的时间和精力来关注孩子的道德和教育发展。他为孩子们读书，与他们一起参与体育活动，并频繁带他们外出。他与妻子一起阅读有关儿童发展的书籍并参加育儿讲座，以确保他们以正确的方法教育孩子。他与妻子讨论教育方法和目标，直到达成一致。在没有得到她的同意之前，他不会进行任何管教或惩罚孩子的计划。

当女人找到这样的男人时，她会发现他难以抗拒。

难以抗拒的女人

妻子通过学习满足丈夫 5 个最重要的情感需求来使自己变得难以抗拒。以下是统计中最常见的需求。

1. 性满足。通过成为出色的性伴侣满足丈夫的这个需求。她研究自己的性反应，以识别和理解什么能让自己达到最佳状态，并与他分享这些信息，他们一起学习如何拥有他们都觉得满意和愉快的性关系。

2. 休闲陪伴。她对他最喜欢的娱乐活动产生兴趣,并尝试做到精通。如果她发现自己无法喜欢这些活动,就鼓励他考虑他们可以一起做的其他活动。她成为他最喜欢的休闲伙伴,始终陪伴他度过最享受的放松时光。

3. 外表吸引。她保持身体健康,并在丈夫觉得最重要的地方做出努力,改善自己的外表。

4. 家务支持。她为家里创造出无压力的环境,使家成为生活压力的避风港,并鼓励丈夫在家里度过高质量家庭时间。

5. 赞赏感恩。她比其他任何人都更尊重和欣赏他。她肯定他的价值和成就,避免批评他,并帮助他保持自信。她为他感到骄傲,不是出于责任,而是基于对他的了解和尊重。

当男人找到这样的女人时,他会觉得她难以抗拒。

去发现和拥有持续的幸福

你可能仍然不确定我描述的情感需求是不是你或另一半最重要的需求。正如我所说,我不能确定哪些需求适用于你或你的另一半,所以我提供了一个机会让你和另一半自己去发现。

附录 B 包含一份情感需求问卷,这份问卷将帮助你确定对你们来说 10 个情感需求的重要程度。请复印两份附录 B 的情感需求问卷,一份给你,一份给你的另一半。放大复印以便有空间写下答案。在填写问卷之前,请确保你们熟悉所有10个情感需求。在"情感需求问卷"的最后一页，你可以按照重要性对所有10个需求进行排序。这最后的排序能帮助另一半了解你的情感需求。如果你诚实地对需求进行排序，另一半会知道该在哪里付出最大的努力来满足你的幸福。

避免只把尚未满足的需求放在列表的顶部，你最重要的需求可能已经得到了满足。不要使用列表来吸引另一半的注意，而要用它准确地描述你的需求。记住，列表顶部的需求应该是那些在得到满足时给你带来最大快乐，而在未得到满足时令你最为沮丧的需求。

我在本书中一直都在强调，尽管男人和女人都有10大基本需求中的大部分，但它们的优先次序通常是不同的。男人的前5大需求可能是女人的后5大需求，而女人的前5大需求可能在男人那里排名很靠后。当你清楚地向另一半说出你的需求优先级时，对方可以在最重要的地方投入精力和注意力。

很少有其他的经验能够与恋爱的感觉相比，但许多夫妻未意识到浪漫之爱需要持续的培养和关爱。我试图为你提供一些关于提供关爱和维系浪漫之爱的指导。如果你失去了恋爱的感觉，就必须学习新的技能来更有效地满足彼此的情感需求，起初可能很难，但是掌握这一点之后，你们对彼此的关心会变得几乎毫不费力。我已经和妻子乔伊丝保持恋爱超过50年了，拥有出色的婚姻比拥有糟糕的婚姻要简单很多。当你和另一半学会满足彼此最重要的情感需求时，你们就掌握了生活中最有价值的一课。

你和另一半都应该完成这份问卷，来帮助双方沟通你们的需求以及在满足这些需求方面的表现。这种沟通能带来更深入的理解，我希望你们能携手共建长久、充满激情和成功的婚姻。

附录 A

10 大情感需求

在你完成情感需求问卷之前,请回顾以下 10 个最重要的情感需求。

爱与关怀

简单地说,爱与关怀是表达关怀之爱的方式。它象征着安全和保护,这在任何关系中都是至关重要的成分。当一方对另一方表示爱与关怀时,会传达以下信息:
- 我关心你。你对我很重要,我不希望你发生任何不好的事情。
- 我关心你面临的问题,并会尝试帮助你克服这些问题。

一个拥抱可以传达这些信息。当拥抱亲人朋友时,我们正在表达对他们的关心。还有其他方法可以表达我们的感情:一张问候卡、一张"我爱你"的便条、一束鲜花、手牵手、晚饭后散步、背部按摩、电话聊天,以及充满体贴和爱意的对话。

性满足

大多数人都知道自己是否有性满足的需求,但如果你有任何疑虑,我会指出一些明显的症状。

通常性满足的需求早于你目前的关系,并且它是相对独立的。虽然你可能已经发现自从恋爱以来就有强烈的愿望与另一半进行性行为，但这与性满足的需求并不完全相同。恋爱时的性冲动有时只是想要在情感上和身体上与对方更加亲近而已。

性幻想是性满足需求的明确标志。总的来说，幻想是情感需求的良好指标，你最常见的幻想反映了你最重要的需求。如果你有性幻想，你可能就有性满足的需求。这种幻想越多，你的需求就越大。并且，你在幻想中满足性满足的需求的方式可以很好地反映你的性倾向和性取向。

结婚时，你和另一半都承诺彼此忠诚一生，这意味着你们同意成为彼此的唯一性伴侣，"直到死亡将我们分开"。你做出这个承诺是因为你相信你们可以满足彼此对性满足的需求，可以在性的方面随时向对方敞开。所以，性满足的需求是一种非常排他性的需求，如果你有性需求，你会非常依赖你的另一半满足它。而选择另一半以外的性对象都是不道德的。

亲密对话

亲密对话与普通对话不同，其内容集中关注非常个人的兴趣、问题、话题和事件。它是亲密的，因为它反映了你们彼此之间的关怀之爱。你通常不会向任何人透露这样的个人信息，只有那些关心你并愿意帮助你思考你面临的问题的人，才值得与之进行亲密对话。如果你有这种需求，那么满足它的人可能会存入大量爱意金币，使你爱上那个人。所以，如果这是你的需求，请确保另一半是最高质量且最经常满足它的人。

在恋爱期间，双方通常不会有什么沟通困难。这时期你们还在相互收集信息，两个人都有很高的动机去发现对方喜欢和不喜欢的东西、个人背景、当前的兴趣和未来的计划，也愿意通过努力帮助解决问题来表达对彼此的关心。

但是结婚后，许多夫妻发现，恋爱期间对方会花几个小时给他们打电话，现在却似乎已经失去了交谈的兴趣，将空闲时间花在看电视或阅读上。因为在恋爱期间对方满足了亲密对话的需求，所以他们期望结婚后也能被满足。

如果你认为对话只有实用功能，那么你可能对它没有太大的需求。但是，如果你渴望与某人谈论你生活中正在发生的事情，如果你拿起电话只是因为你想和对方聊聊天，如果你享受对话本身，那么请考虑重视这个需求。

休闲陪伴

对休闲陪伴的需求将两个需求结合在了一起：从事休闲娱乐活动的需求和拥有陪伴的需求。

恋爱期间，你和对方可能是彼此最喜欢的休闲伙伴。一方因为另一方而加入原本不会选择的活动，这是很常见的。他们只是想尽可能多地与自己喜欢的人在一起，这意味着做对方想做的事情。

我不否认婚姻会极大地改变一段关系。但是人们走进婚姻是否必须结束促使这段关系更加和谐的活动？丈夫最喜欢的休闲伙伴难道不能是他的妻子吗？

如果休闲活动对你很重要，并且你觉得有人和你一起参与才最有满足感，那么你的需求列表应该列上休闲陪伴。从情感银行的角度想一想这个问题。你有多喜欢这些活动？当你们一起享受它们时，另一半会存入多少爱意金币？如果所有这些爱意金币被存入其他人的情感银行账户，那将多么可惜！而且，如果它被存入异性的账户，那就太危险了。

当你在休闲活动中享受时，谁应该获得爱情存款？是你最应该爱的人，即你的另一半。这正是我鼓励丈夫和妻子成为彼此最喜欢的休闲伙伴的原因。这是在情感银行存款最简单的方法之一。

开诚布公

我们大多数人都希望与另一半建立坦诚的关系，而且我们中的一些人会更需要这样的关系，因为开诚布公会带来安全感。

为了感到安全，我们想要准确地了解对方的想法、感受、习惯、好恶、个人过往、日常活动和未来计划。如果一方没有提供诚实和开放的沟通，信任可能会受到损害，安全感最终可能会被摧毁，另一半就不能信任所接收的信号，双方也没有基础来建立稳固的关系。夫妻不会互相适应，而会感到失衡。他们不会一起成长，而会渐行渐远。

除了对开诚布公的实际考虑，我们中的一些人在另一半向我们揭示自己最私密的想法时会感到幸福和满足，反之则会感到非常沮丧。这种反应证明了开诚布公的情感需求，这个需求可以并且应该在婚姻中得到满足。

外表吸引

对于许多人来说，外表吸引可能成为最大的爱的来源。如果你有这种需求，一个外表有吸引力的人不仅会引起你的注意，还可能使你分心。事实上，这可能是你最初被另一半吸引的原因：对方的身体和外貌。

有些人认为这种需求是暂时的，只在关系的开始很重要，两个人更好地了解彼此之后，外表吸引通常会退居次席，更加深入和亲密的需求变得更重要。但我并不这么认为，许多前来咨询的夫妻、特别是男人也不这么认为。对于许多人来说，外表吸引的需求在婚姻中持续存在，只要看到另一半有吸引力就会存入爱意金币。

在外表吸引的各个方面中，人们通常最关注体重。然而，服装、发型、妆容和个人卫生也会结合在一起使人有吸引力。这是非常主观的，你是决定什么对你有吸引力的裁判。

如果另一半的吸引力使你感觉很好，失去这种吸引力会使你感到非常沮丧，你可能就应该在你最重要的情感需求列表加上这个需求。

经济支持

很多人结婚的部分原因是另一半提供了经济支持。经济支持是你最重要的情感需求之一吗？

如果你的另一半一直有工作，你可能很难知道你是否有经济支持的需求。但是，如果在婚前，另一半告诉你不要期望从他/她那里获得任何收入呢？这会影响你的结婚决定吗？或者，如果你的另一半找不到工作，你一生都要在经济上支持他/她呢？这会导致在情感银行取款吗？如果你期望另一半赚钱生活，你可能有经济支持的需求。如果你不希望自己赚钱生活，至少在婚姻的某个阶段，那么你肯定有这种需求。

什么是经济支持？赚足够的钱买你可能想要的一切，还是只赚足够的钱过日子？不同的人会有不同的答案，同一个人在生活的不同阶段也可能会有不同的答案。但是，像许多情感需求一样，经济支持有时很难讨论。因此，许多人将自己的期望、假设和怨恨隐藏起来。你可以问问自己：为了感到满足，你在财务上期望从另一半那里得到什么，什么情况下会感到沮丧呢？你的分析将帮助你确定你是否有经济支持的情感需求。

家务支持

家务支持的需求如同定时炸弹。最初，它似乎完全不存在，但对许多夫妻来说，这种需求会在结婚几年后爆炸，双方都会因此感到惊讶。

早先，人们普遍认为所有的丈夫都需要妻子做出家务支持，而所有的妻子都会自然地会满足对方。但时代已经变了，需求也随之改变。现在，向我咨询的许多男性宁愿让妻子满足他们对爱与关怀或亲密对话的需求，尽管这些需求在传统上更加女性化。而许多女性，尤其是职业女性，则很享受由丈夫来创造一个宁静且管理得当的家庭环境。

婚姻通常从双方愿意分担家庭职责开始。新婚夫妻分担家务是很常见的。新郎欢迎他的新娘帮助他完成单身时期必须由自己完成的工作。在婚姻中的这个阶段，他们都不会认为家务支持是一个重要的情感需求。但是定时炸弹的计时器正在嘀嗒作响。

家务支持的需求爆炸是在什么时候？孩子出生之后！

孩子带来了巨大的需求，对收入的需求更大，家务也更多。以前的分工已经过时，双方都必须承担新的责任，而他们会承担哪些责任？

家务支持包括做饭、购买食品杂货、洗衣服、打扫房子和照顾孩子。如果你在另一半做这些事情时感到非常满足，并且在事情没有完成时感到非常沮丧，那么你就有家务支持的情感需求。

家庭投入

除了更大的收入需求和更多的家务，孩子的到来也让很多人产生了对家庭投入的需求。我再次强调，如果你还没有孩子，你可能不会感受到这种需求。但当第一个孩子到来时，你可能会经历一种自己没有预料到的变化。

家庭投入不是儿童保育，比如喂食、穿衣或看护，而是对儿童发展的责任，教导他们关心和照顾彼此。它要求与孩子一起度过高质量家庭时间，帮助他们成长为成功的成年人。

这种需求的证据是对另一半参与支持儿童道德和教育发展的渴望。当他/她帮助照顾孩子时，你会感到非常满足。当他/她忽视孩子的发展时，你会感到非常沮丧。

我们都希望孩子成功，但如果你有家庭投入的需求，另一半参与家庭活动将在情感银行中大量存款，而另一半对孩子的忽视将导致大量取款。

赞赏感恩

如果你有对赞赏感恩的需求，你爱上对方的部分原因可能是对方对你的赞赏。有些人就是喜欢得到赞赏。你的另一半可能要特别注意不批评你。如果你有被赞赏的需求，最轻微的批评也可能会深深地伤害你。

我们中的许多人都渴望被另一半尊重、珍视和赞赏，我们需要明确且经常地得到肯定。这样的感觉没有错。

赞赏感恩是最容易满足的需求之一。只需一个赞美，瞬间你就让另一半开心了。批评也很容易让另一半不开心。对一些人来说，轻微的指责也可能非常令人不安，有可能破坏他们一天的情绪，并以惊人的速度从情感银行中取款。

另一半的几句话就有可能增加或消耗在你的情感银行中的存款。如果你很容易受到影响，一定要在你最重要的情感需求清单中加上赞赏感恩。

附录 B

情感需求问卷[①]

姓　名　_____　　　　　　日　期　_____

　　本问卷旨在帮助你确定自己最重要的情感需求，并评估你的伴侣在满足这些需求时的表现。请尽可能坦率地回答所有问题，不要试着削减任何你觉得没有得到满足的需求。如果你需要更多的空间填写答案，可以另外附上一张纸。

　　你的伴侣也应该单独填写一份情感需求问卷，以便你能发现他/她的需求，并评估你在满足这些需求上的表现。

　　完成此问卷后，请检查一遍，以确保你的答案准确反映了你的感受。如果需要更改，请不要擦除你原来的答案，而要轻轻画掉它们，以便你的伴侣可以看到更正的地方，并与你讨论。

　　本问卷的最后一页要求你在 10 个情感需求中选出 5 个，并按其对你的重要性进行排序。最重要的情感需求是指那些在得到满足时让你最快乐，而在未得到满足时让你最沮丧的需求。请避免只将目前伴侣没有满足的需求列为最重要的需求。你需要将所有情感需求都纳入考虑范围，并选出对你来说最重要的那些。

[①]　© 1986，2012 Willard F. Harley, Jr. 此问卷供个人使用。

1. 爱与关怀。 通过语言、卡片、礼物、拥抱、亲吻和献殷勤等无性意味的表达来传递关爱，创造一个清晰且反复表达关爱的环境。

A. 爱与关怀的需求： 你对爱与关怀的需求水平有多高，请圈出相应的数值。

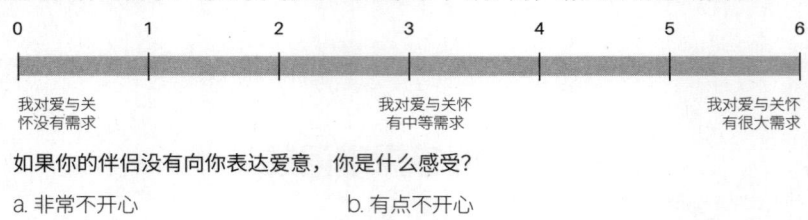

```
0        1        2        3        4        5        6
```
我对爱与关　　　　　　　　我对爱与关怀　　　　　　　　我对爱与关怀
怀没有需求　　　　　　　　有中等需求　　　　　　　　　有很大需求

如果你的伴侣没有向你表达爱意，你是什么感受？
　a. 非常不开心　　　　　　　　b. 有点不开心
　c. 无所谓　　　　　　　　　　d. 对没有得到爱与关怀开心

当你的伴侣向你表达爱意时，你是什么感受？
　a. 非常开心　　　　　　　　　b. 有点开心
　c. 无所谓　　　　　　　　　　d. 对得到爱与关怀感到不开心

B. 评估伴侣表达爱与关怀的行动： 你对伴侣对你表达的爱与关怀是否满意，请圈出相应的数值。

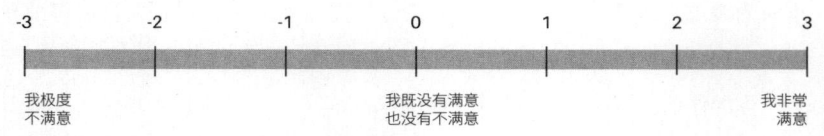

```
-3       -2       -1       0        1        2        3
```
我极度　　　　　　　　　　我既没有满意　　　　　　　　我非常
不满意　　　　　　　　　　也没有不满意　　　　　　　　满意

我的伴侣满足了我对爱与关怀的所有需求。　□是　□否

如果你的答案是否定的，那么你希望你的伴侣多久向你表达一次爱与关怀呢？
（每天 / 每周 / 每个月）向我表达爱与关怀 _____ 次。

我喜欢伴侣向我表达爱与关怀的方式。　□是　□否

如果你的答案是否定的，请说说在婚姻中伴侣如何做能更好地满足你对爱与关怀的需求。

_____

_____

2. 性满足。 一种对你来说足够愉快和频繁的性体验。

A. 性满足的需求：你对性满足的需求有多高，请圈出相应的数值。

```
0        1        2        3        4        5        6
```

我对性满足　　　　　　　　我对性满足　　　　　　　　我对性满足有
没有需求　　　　　　　　　有中等需求　　　　　　　　很大需求

当你的伴侣不愿意和你发生性关系时，你是什么感受？

a. 非常不开心　　　　　　　　b. 有点不开心

c. 无所谓　　　　　　　　　　d. 很开心不用发生性关系

当你的伴侣和你发生性关系时，你是什么感受？

a. 非常开心　　　　　　　　　b. 有点开心

c. 无所谓　　　　　　　　　　d. 很不开心发生性关系

B. 评估与伴侣的性关系：你对伴侣与你的性关系是否满意，请圈出相应的数值。

```
-3       -2       -1        0        1        2        3
```

我极度　　　　　　　　　　我既没有满意　　　　　　　我非常
不满意　　　　　　　　　　也没有不满意　　　　　　　满意

伴侣和我发生性关系的频率符合我的需求。　　☐是　　☐否

如果你的答案是否定的，那么你希望你的伴侣多久和你发生一次性关系呢？

（每天 / 每周 / 每个月）和我发生 _____ 次性关系。

我喜欢伴侣与我发生性关系的方式。　　☐是　　☐否

如果你的答案是否定的，请说说在婚姻中伴侣如何做能更好地满足你对性满足的需求。

_____

_____

_____

3. 亲密对话。 谈论感受、个人感兴趣的话题、观点或计划。

    A. 亲密对话的需求： 你对亲密对话的需求有多高，请圈出相应的数值。

```
0        1        2        3        4        5        6
```
我对亲密对话没有需求　　　　　　我对亲密对话有中等需求　　　　　　我对亲密对话有很大需求

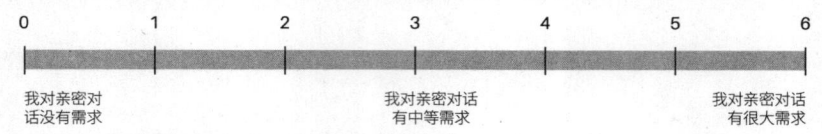

当你的伴侣不愿意与你亲密对话时，你会有什么感觉？

a. 非常不开心　　　　　　b. 有点不开心

c. 无所谓　　　　　　　　d. 很开心不用对话

当你的伴侣与你亲密对话时，你是什么感受？

a. 非常开心　　　　　　　b. 有点开心

c. 无所谓　　　　　　　　d. 很不开心进行对话

    B. 评估与伴侣的亲密对话： 你对伴侣与你的亲密对话是否满意，请圈出相应的数值。

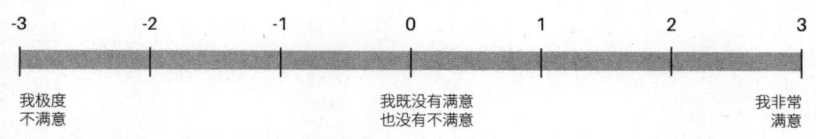

```
-3       -2       -1        0        1        2        3
```
我极度不满意　　　　　　　我既没有满意也没有不满意　　　　　　　我非常满意

伴侣与我进行亲密对话的频率符合我的需求。　□是　□否

如果你的答案是否定的，那么你希望你的伴侣多久和你进行一次亲密对话呢？

（每天 / 每周 / 每个月）交谈 _____ 次。

（每天 / 每周 / 每个月）交谈 _____ 小时。

我喜欢伴侣与我进行亲密对话的方式。　□是　□否

如果你的答案是否定的，请说说在婚姻中伴侣如何交谈能更好地满足你对亲密对话的需求。

_____

_____

_____

4. 休闲陪伴。 与至少一个人一起进行的休闲活动。

A. 休闲陪伴的需求： 你对休闲陪伴的需求有多高，请圈出相应的数值。

```
0      1      2      3      4      5      6
```
我对休闲陪　　　　　我对休闲陪伴　　　　　我对休闲陪伴
伴没有需求　　　　　有中等需求　　　　　　有很大需求

当你的伴侣不愿意与你一起参加休闲活动时，你是什么感受？

a. 非常不开心　　　　　　　b. 有点不开心

c. 无所谓　　　　　　　　　d. 很开心伴侣不参与

当你的伴侣与你一起参加休闲活动时，你是什么感受？

a. 非常开心　　　　　　　　b. 有点开心

c. 无所谓　　　　　　　　　d. 很不开心伴侣参与

B. 评估与伴侣的休闲陪伴： 你对伴侣的休闲陪伴是否满意，请圈出相应的数值。

```
-3     -2     -1     0      1      2      3
```
我极度　　　　　　　我既没有满意　　　　　我非常
不满意　　　　　　　也没有不满意　　　　　满意

伴侣和我一起参加休闲活动的频率符合我的需求。　□是　□否

如果你的答案是否定的，那么你希望你的伴侣多久与你一起参加一次休闲活动呢？

（每天 / 每周 / 每个月）参与 _____ 次休闲活动。

（每天 / 每周 / 每个月）参与 _____ 小时的休闲活动。

我喜欢伴侣与我一起参加休闲活动的方式。　□是　□否

如果你的答案是否定的，请说说在婚姻中伴侣如何做才能更好地满足你对休闲陪伴的需求。

_____

_____

5. 开诚布公。真实、坦率地表达积极和消极的感受，谈论过去的事件、日常事件和日程安排以及对未来的计划。不要给伴侣留下错误的印象。

A. 开诚布公的需求：你对开诚布公的需求有多高，请圈出相应的数值。

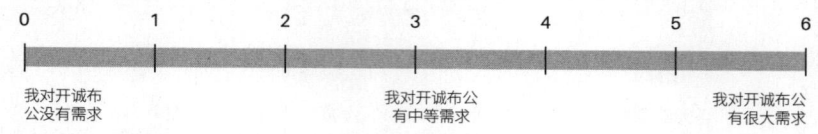

```
0        1        2        3        4        5        6
```
我对开诚布公没有需求　　　　　　　我对开诚布公有中等需求　　　　　　　我对开诚布公有很大需求

当你的伴侣对你不开诚布公时，你会有什么感觉？

a. 非常不开心　　　　　　　　b. 有点不开心

c. 无所谓　　　　　　　　　　d. 很开心伴侣不诚实和不坦诚

当你的伴侣对你开诚布公时，你会有什么感觉？

a. 非常开心　　　　　　　　　b. 有点开心

c. 无所谓　　　　　　　　　　d. 很不开心伴侣开诚布公

B. 评估伴侣的开诚布公：你对伴侣开诚布公的水平是否满意，请圈出相应的数值。

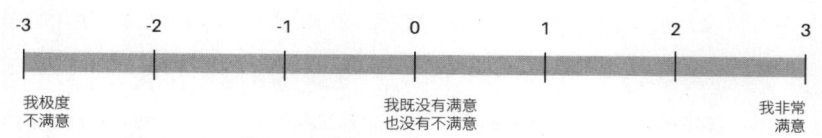

```
-3       -2       -1       0        1        2        3
```
我极度不满意　　　　　　　　我既没有满意也没有不满意　　　　　　　　我非常满意

你希望伴侣在以下哪些方面能更开诚布公？

a. 分享对生活重要方面的积极和消极情绪反应

b. 分享他/她的日常动态信息

c. 分享他/她的个人过往经历

d. 分享他/她未来的日程安排和计划的信息

如果以上选项都不符合你想要的，请说说在婚姻中伴侣如何做才能更好地满足你对开诚布公的需求。

_____

_____

_____

6. **外表吸引**。欣赏异性的身体特征，这些特征在美学或性吸引力上令人愉悦。

   A. 外表吸引的需求：你对外表吸引的需求有多高，请圈出相应的数值。

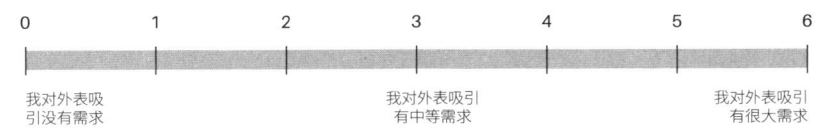

   ```
   0       1       2       3       4       5       6
   ```
   我对外表吸引没有需求　　　　我对外表吸引有中等需求　　　　我对外表吸引有很大需求

   当你的伴侣不愿意充分利用他/她的外表吸引时，你是什么感受？

   a. 非常不开心　　　　　　　　b. 有点不开心

   c. 无所谓　　　　　　　　　　d. 很开心他/她不在这方面花心思

   当你的伴侣充分利用他/她的外表吸引时，你是什么感受？

   a. 非常开心　　　　　　　　　b. 有点开心

   c. 无所谓　　　　　　　　　　d. 很不开心他/她在这方面花心思

   B. 评估伴侣的外表吸引：你对伴侣的吸引力是否满意，请圈出相应的数值。

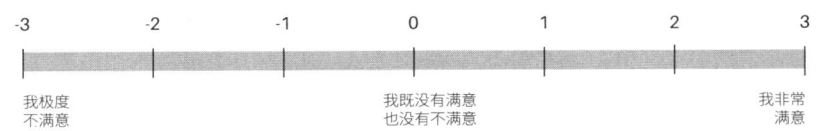

   ```
   -3      -2      -1      0       1       2       3
   ```
   我极度不满意　　　　　　　　我既没有满意也没有不满意　　　　我非常满意

   你希望伴侣提升以下哪些外表吸引特征？

   a. 强健的身体素质和正常体重　　　b. 有品位的着装

   c. 好看的发型　　　　　　　　　　d. 良好的个人卫生

   e. 迷人的面部妆容　　　　　　　　f. 其他

   如果以上选项都不符合你想要的，请说说在婚姻中伴侣如何做才能更好地满足你对外表吸引的需求。

   _____

   _____

   _____

7. 经济支持。 依据你能接受的生活水平，为你的家庭提供住房、食物和衣服所需的经济资源。

A. 经济支持的需求： 你对经济支持的需求有多高，请圈出相应的数值。

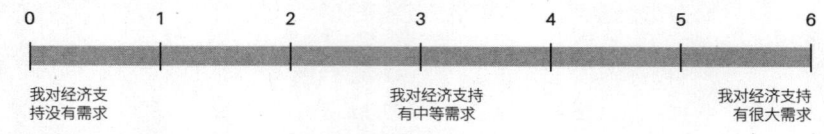

```
0        1        2        3        4        5        6
```
我对经济支   我对经济支持   我对经济支持
持没有需求   有中等需求   有很大需求

当你的伴侣不愿意在经济上支持你时，你是什么感受？

a. 非常不开心   b. 有点不开心

c. 无所谓   d. 很开心没有经济支持

当你的伴侣在经济上支持你时，你是什么感受？

a. 非常开心   b. 有点开心

c. 无所谓   d. 很不开心被经济支持

B. 评估伴侣的经济支持： 你对伴侣的经济支持是否满意，请圈出相应的数值。

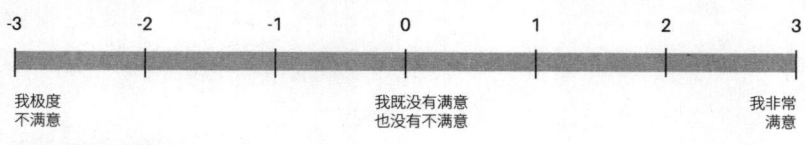

```
-3      -2      -1       0       1       2       3
```
我极度   我既没有满意   我非常
不满意   也没有不满意   满意

你希望伴侣赚多少钱来支持你？

_____

_____

你希望伴侣每周工作多少小时？

_____

_____

如果伴侣的收入不如你所愿，没有按照你希望的时间工作，没有按照你希望的方式规划收入，或者没有按照你希望的方式获得收入，请说说在婚姻中伴侣如何做才能更好地满足你对经济支持的需求。

_____

_____

8. 家务支持。 管理家务和照顾孩子（如果有孩子的话），创造有爱的家庭环境，为你提供一个摆脱压力的避难所。

A. 家务支持的需求： 你对家务支持的需求有多高，请圈出相应的数值。

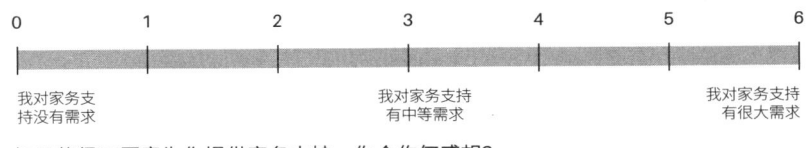

```
0      1      2      3      4      5      6
```
我对家务支持没有需求　　　　　　我对家务支持有中等需求　　　　　　我对家务支持有很大需求

如果伴侣不愿意为你提供家务支持，你会作何感想？

a. 非常不开心　　　　　　　　b. 有点不开心

c. 无所谓　　　　　　　　　　d. 很开心没有获得家务支持

当伴侣为你提供家务支持，你会作何感想？

a. 非常开心　　　　　　　　　b. 有点开心

c. 无所谓　　　　　　　　　　d. 很不开心获得家务支持

B. 评估伴侣的家务支持： 你对伴侣的家务支持是否满意，请圈出相应的数值。

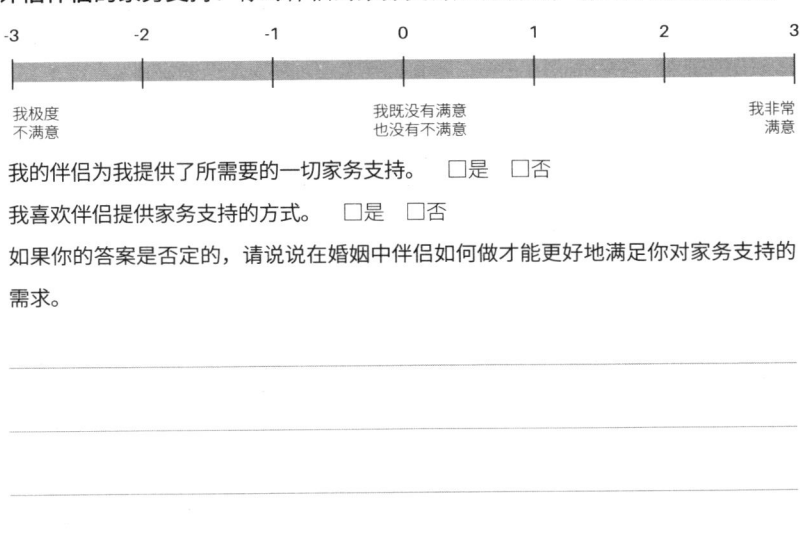

```
-3     -2     -1      0      1      2      3
```
我极度不满意　　　　　　　我既没有满意也没有不满意　　　　　　我非常满意

我的伴侣为我提供了所需要的一切家务支持。　□是　□否

我喜欢伴侣提供家务支持的方式。　□是　□否

如果你的答案是否定的，请说说在婚姻中伴侣如何做才能更好地满足你对家务支持的需求。

_____

_____

_____

_____

9. **家庭投入。**在家庭中参与子女的教育与引导。

   A. **家庭投入的需求：**你对家庭投入的需求有多高，请圈出相应的数值。

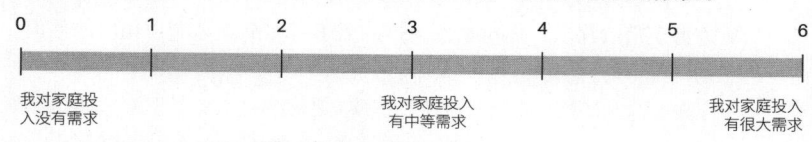

   ```
   0        1        2        3        4        5        6
   ```
   我对家庭投   我对家庭投入   我对家庭投入
   入没有需求   有中等需求   有很大需求

   当你的伴侣不愿意提供家庭投入时，你会作何感想？

   a. 非常不开心   b. 有点不开心

   c. 无所谓   d. 很开心他/她不参与

   当你的伴侣提供家庭投入时，你会作何感想？

   a. 非常开心   b. 有点开心

   c. 无所谓   d. 很不开心他/她参与进来

   B. **评估伴侣的家庭投入：**你对伴侣的家庭投入是否满意，请圈出相应的数值。

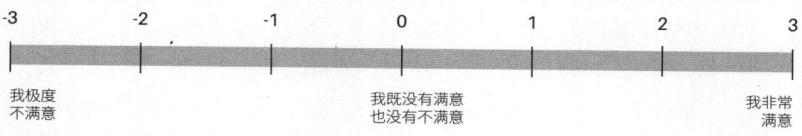

   ```
   -3       -2       -1        0        1        2        3
   ```
   我极度   我既没有满意   我非常
   不满意   也没有不满意   满意

   我的伴侣为家庭付出了足够多的时间。 □是 □否

   如果你的答案是否定的，那么你希望伴侣多久参加一次家庭活动呢？

   （每天/每周/每个月）参加 _____ 次家庭活动。

   （每天/每周/每个月）参加 _____ 个小时的家庭活动。

   我喜欢伴侣与家人共度时光的方式。 □是 □否

   如果你的答案是否定的，请说说在婚姻中伴侣如何做才能更好地满足你对家庭投入的需求。

   _____

   _____

10. 赞赏感恩。 被尊重、重视和欣赏。

A. 赞赏感恩的需求： 你对赞赏感恩的需求有多高，请圈出相应的数值。

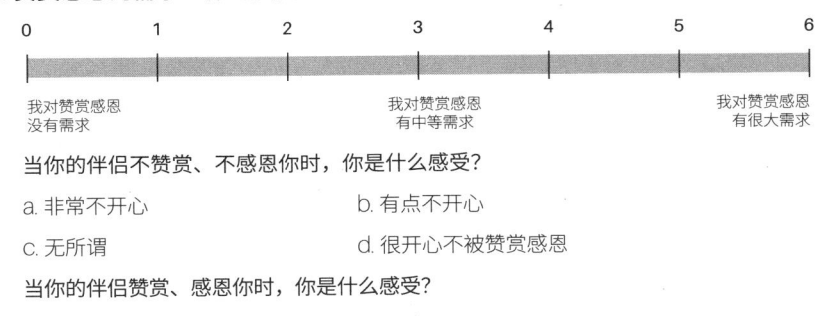

```
0        1        2        3        4        5        6
```

我对赞赏感恩　　　　　　　我对赞赏感恩　　　　　　　我对赞赏感恩
没有需求　　　　　　　　　有中等需求　　　　　　　　有很大需求

当你的伴侣不赞赏、不感恩你时，你是什么感受？

a. 非常不开心　　　　　　　　b. 有点不开心

c. 无所谓　　　　　　　　　　d. 很开心不被赞赏感恩

当你的伴侣赞赏、感恩你时，你是什么感受？

a. 非常开心　　　　　　　　　b. 有点开心

c. 无所谓　　　　　　　　　　d. 很不开心被赞赏感恩

B. 评估伴侣的赞赏感恩： 你对伴侣对你的赞赏感恩是否满意，请圈出相应的数值。

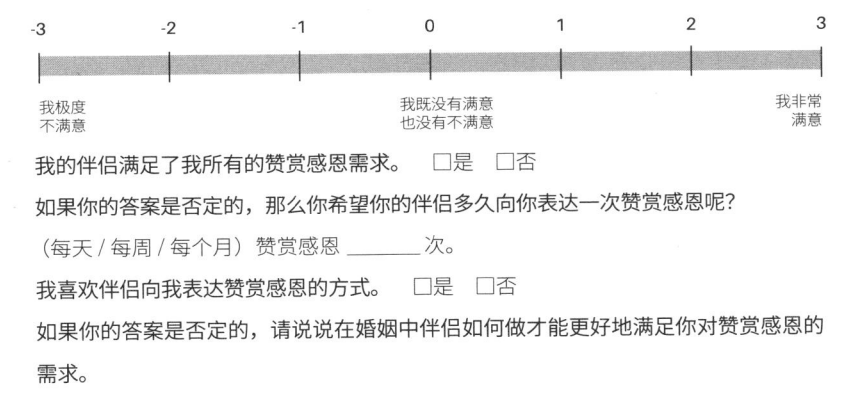

```
-3       -2       -1        0        1        2        3
```

我极度　　　　　　　　　　我既没有满意　　　　　　　我非常
不满意　　　　　　　　　　也没有不满意　　　　　　　满意

我的伴侣满足了我所有的赞赏感恩需求。　　☐是　☐否

如果你的答案是否定的，那么你希望你的伴侣多久向你表达一次赞赏感恩呢？

（每天 / 每周 / 每个月）赞赏感恩 _____ 次。

我喜欢伴侣向我表达赞赏感恩的方式。　　☐是　☐否

如果你的答案是否定的，请说说在婚姻中伴侣如何做才能更好地满足你对赞赏感恩的需求。

_____

_____

将你的情感需求排序

下面列出了 10 种基本的情感需求，我还留出了一些空间，你可以添加其他你觉得对婚姻幸福至关重要的情感需求。根据该需求对你幸福的重要性，在每种需求前面的空白处按照 1～5 打分。在最重要的需求前填写 1，在第二重要的需求前填写 2，以此类推，将对你最重要的 5 个需求进行排序。

为了帮助你对这些需求进行排序，请假设你的婚姻中只有一个需求能得到满足，当你知道其他需求都无法得到满足时，满足哪一个需求会让你最快乐？那么这个需求就应该排在第一位。如果只能满足两个需求，你的第二选择会是什么？满足哪 5 个需求会让你最幸福？

_____ 爱与关怀
_____ 性满足
_____ 亲密对话
_____ 休闲陪伴
_____ 开诚布公
_____ 外表吸引
_____ 经济支持
_____ 家务支持
_____ 家庭投入
_____ 赞赏感恩
_____ _____
_____ _____
_____ _____

附录 C

休闲娱乐清单

请指出你对以下每项娱乐活动的喜好程度,或你认为自己可能会喜欢的程度。在每项活动旁边适当的列(丈夫评分/妻子评分)圈出一个数字,以反映你的感受:3= 非常喜欢;2= 喜欢;1= 有点喜欢;0= 没有特别感受;-1= 有点不喜欢;-2= 不喜欢;-3= 非常不喜欢。请在空白处添加你喜欢但未列出的活动。在第 4 列中,只在你和另一半的评分均为正数时添加评分。总分最高的活动应在计划共同的休闲娱乐活动时作为优先选择。

活动	丈夫评分	妻子评分	总分
观看表演	-3 -2 -1 0 1 2 3	-3 -2 -1 0 1 2 3	_____
有氧运动	-3 -2 -1 0 1 2 3	-3 -2 -1 0 1 2 3	_____
游乐园	-3 -2 -1 0 1 2 3	-3 -2 -1 0 1 2 3	_____
古董收藏	-3 -2 -1 0 1 2 3	-3 -2 -1 0 1 2 3	_____
射箭	-3 -2 -1 0 1 2 3	-3 -2 -1 0 1 2 3	_____
天文观星	-3 -2 -1 0 1 2 3	-3 -2 -1 0 1 2 3	_____
汽车改装	-3 -2 -1 0 1 2 3	-3 -2 -1 0 1 2 3	_____
观看赛车	-3 -2 -1 0 1 2 3	-3 -2 -1 0 1 2 3	_____
打羽毛球	-3 -2 -1 0 1 2 3	-3 -2 -1 0 1 2 3	_____
打棒球	-3 -2 -1 0 1 2 3	-3 -2 -1 0 1 2 3	_____
看棒球赛	-3 -2 -1 0 1 2 3	-3 -2 -1 0 1 2 3	_____

活动	丈夫评分							妻子评分							总分
打篮球	-3	-2	-1	0	1	2	3	-3	-2	-1	0	1	2	3	____
看篮球赛	-3	-2	-1	0	1	2	3	-3	-2	-1	0	1	2	3	____
骑车	-3	-2	-1	0	1	2	3	-3	-2	-1	0	1	2	3	____
棋类游戏	-3	-2	-1	0	1	2	3	-3	-2	-1	0	1	2	3	____
划船	-3	-2	-1	0	1	2	3	-3	-2	-1	0	1	2	3	____
健身	-3	-2	-1	0	1	2	3	-3	-2	-1	0	1	2	3	____
打保龄球	-3	-2	-1	0	1	2	3	-3	-2	-1	0	1	2	3	____
看拳击赛	-3	-2	-1	0	1	2	3	-3	-2	-1	0	1	2	3	____
露营	-3	-2	-1	0	1	2	3	-3	-2	-1	0	1	2	3	____
划独木舟	-3	-2	-1	0	1	2	3	-3	-2	-1	0	1	2	3	____
打牌	-3	-2	-1	0	1	2	3	-3	-2	-1	0	1	2	3	____
下象棋	-3	-2	-1	0	1	2	3	-3	-2	-1	0	1	2	3	____
收集硬币	-3	-2	-1	0	1	2	3	-3	-2	-1	0	1	2	3	____
电脑游戏	-3	-2	-1	0	1	2	3	-3	-2	-1	0	1	2	3	____
电脑编程	-3	-2	-1	0	1	2	3	-3	-2	-1	0	1	2	3	____
电脑____	-3	-2	-1	0	1	2	3	-3	-2	-1	0	1	2	3	____
古典音乐会	-3	-2	-1	0	1	2	3	-3	-2	-1	0	1	2	3	____
乡村音乐会	-3	-2	-1	0	1	2	3	-3	-2	-1	0	1	2	3	____
摇滚音乐会	-3	-2	-1	0	1	2	3	-3	-2	-1	0	1	2	3	____
槌球	-3	-2	-1	0	1	2	3	-3	-2	-1	0	1	2	3	____
古典舞	-3	-2	-1	0	1	2	3	-3	-2	-1	0	1	2	3	____
摇滚舞	-3	-2	-1	0	1	2	3	-3	-2	-1	0	1	2	3	____
广场舞	-3	-2	-1	0	1	2	3	-3	-2	-1	0	1	2	3	____
____舞	-3	-2	-1	0	1	2	3	-3	-2	-1	0	1	2	3	____
外出用餐	-3	-2	-1	0	1	2	3	-3	-2	-1	0	1	2	3	____
钓鱼	-3	-2	-1	0	1	2	3	-3	-2	-1	0	1	2	3	____
踢足球	-3	-2	-1	0	1	2	3	-3	-2	-1	0	1	2	3	____
园艺	-3	-2	-1	0	1	2	3	-3	-2	-1	0	1	2	3	____
研究家谱	-3	-2	-1	0	1	2	3	-3	-2	-1	0	1	2	3	____
打高尔夫球	-3	-2	-1	0	1	2	3	-3	-2	-1	0	1	2	3	____
徒步	-3	-2	-1	0	1	2	3	-3	-2	-1	0	1	2	3	____
打曲棍球	-3	-2	-1	0	1	2	3	-3	-2	-1	0	1	2	3	____

活动	丈夫评分							妻子评分							总分
看曲棍球比赛	-3	-2	-1	0	1	2	3	-3	-2	-1	0	1	2	3	____
骑马	-3	-2	-1	0	1	2	3	-3	-2	-1	0	1	2	3	____
看马术比赛	-3	-2	-1	0	1	2	3	-3	-2	-1	0	1	2	3	____
掷马蹄铁	-3	-2	-1	0	1	2	3	-3	-2	-1	0	1	2	3	____
看马展	-3	-2	-1	0	1	2	3	-3	-2	-1	0	1	2	3	____
乘坐热气球	-3	-2	-1	0	1	2	3	-3	-2	-1	0	1	2	3	____
捡果实	-3	-2	-1	0	1	2	3	-3	-2	-1	0	1	2	3	____
冰上捕鱼	-3	-2	-1	0	1	2	3	-3	-2	-1	0	1	2	3	____
滑冰	-3	-2	-1	0	1	2	3	-3	-2	-1	0	1	2	3	____
散步	-3	-2	-1	0	1	2	3	-3	-2	-1	0	1	2	3	____
柔道	-3	-2	-1	0	1	2	3	-3	-2	-1	0	1	2	3	____
空手道	-3	-2	-1	0	1	2	3	-3	-2	-1	0	1	2	3	____
棒针编织	-3	-2	-1	0	1	2	3	-3	-2	-1	0	1	2	3	____
金属加工	-3	-2	-1	0	1	2	3	-3	-2	-1	0	1	2	3	____
建模	-3	-2	-1	0	1	2	3	-3	-2	-1	0	1	2	3	____
爬山	-3	-2	-1	0	1	2	3	-3	-2	-1	0	1	2	3	____
看电影	-3	-2	-1	0	1	2	3	-3	-2	-1	0	1	2	3	____
逛博物馆	-3	-2	-1	0	1	2	3	-3	-2	-1	0	1	2	3	____
听歌剧	-3	-2	-1	0	1	2	3	-3	-2	-1	0	1	2	3	____
画画	-3	-2	-1	0	1	2	3	-3	-2	-1	0	1	2	3	____
摄影	-3	-2	-1	0	1	2	3	-3	-2	-1	0	1	2	3	____
欣赏戏剧	-3	-2	-1	0	1	2	3	-3	-2	-1	0	1	2	3	____
泳池游泳	-3	-2	-1	0	1	2	3	-3	-2	-1	0	1	2	3	____
拼布	-3	-2	-1	0	1	2	3	-3	-2	-1	0	1	2	3	____
打美式壁球	-3	-2	-1	0	1	2	3	-3	-2	-1	0	1	2	3	____
家居改造	-3	-2	-1	0	1	2	3	-3	-2	-1	0	1	2	3	____
收集石头	-3	-2	-1	0	1	2	3	-3	-2	-1	0	1	2	3	____
轮滑	-3	-2	-1	0	1	2	3	-3	-2	-1	0	1	2	3	____
划船比赛	-3	-2	-1	0	1	2	3	-3	-2	-1	0	1	2	3	____
航海	-3	-2	-1	0	1	2	3	-3	-2	-1	0	1	2	3	____
潜水	-3	-2	-1	0	1	2	3	-3	-2	-1	0	1	2	3	____
塑形	-3	-2	-1	0	1	2	3	-3	-2	-1	0	1	2	3	____

附录C 休闲娱乐清单

活动	丈夫评分							妻子评分							总分
手枪射击	-3	-2	-1	0	1	2	3	-3	-2	-1	0	1	2	3	____
飞碟射击	-3	-2	-1	0	1	2	3	-3	-2	-1	0	1	2	3	____
逛街买衣服	-3	-2	-1	0	1	2	3	-3	-2	-1	0	1	2	3	____
逛超市	-3	-2	-1	0	1	2	3	-3	-2	-1	0	1	2	3	____
逛街（汽车）	-3	-2	-1	0	1	2	3	-3	-2	-1	0	1	2	3	____
逛街（___）	-3	-2	-1	0	1	2	3	-3	-2	-1	0	1	2	3	____
打沙壶球	-3	-2	-1	0	1	2	3	-3	-2	-1	0	1	2	3	____
观光	-3	-2	-1	0	1	2	3	-3	-2	-1	0	1	2	3	____
唱歌	-3	-2	-1	0	1	2	3	-3	-2	-1	0	1	2	3	____
越野滑雪	-3	-2	-1	0	1	2	3	-3	-2	-1	0	1	2	3	____
速降滑雪	-3	-2	-1	0	1	2	3	-3	-2	-1	0	1	2	3	____
滑水	-3	-2	-1	0	1	2	3	-3	-2	-1	0	1	2	3	____
跳伞	-3	-2	-1	0	1	2	3	-3	-2	-1	0	1	2	3	____
机动雪橇	-3	-2	-1	0	1	2	3	-3	-2	-1	0	1	2	3	____
打垒球	-3	-2	-1	0	1	2	3	-3	-2	-1	0	1	2	3	____
看垒球赛	-3	-2	-1	0	1	2	3	-3	-2	-1	0	1	2	3	____
集邮	-3	-2	-1	0	1	2	3	-3	-2	-1	0	1	2	3	____
冲浪	-3	-2	-1	0	1	2	3	-3	-2	-1	0	1	2	3	____
____游泳	-3	-2	-1	0	1	2	3	-3	-2	-1	0	1	2	3	____
打乒乓球	-3	-2	-1	0	1	2	3	-3	-2	-1	0	1	2	3	____
制作动物标本	-3	-2	-1	0	1	2	3	-3	-2	-1	0	1	2	3	____
看电视	-3	-2	-1	0	1	2	3	-3	-2	-1	0	1	2	3	____
打网球	-3	-2	-1	0	1	2	3	-3	-2	-1	0	1	2	3	____
平底雪橇滑雪	-3	-2	-1	0	1	2	3	-3	-2	-1	0	1	2	3	____
手机游戏	-3	-2	-1	0	1	2	3	-3	-2	-1	0	1	2	3	____
社交媒体制作视频	-3	-2	-1	0	1	2	3	-3	-2	-1	0	1	2	3	____
打排球	-3	-2	-1	0	1	2	3	-3	-2	-1	0	1	2	3	____
编织	-3	-2	-1	0	1	2	3	-3	-2	-1	0	1	2	3	____
做木工	-3	-2	-1	0	1	2	3	-3	-2	-1	0	1	2	3	____
看摔跤比赛	-3	-2	-1	0	1	2	3	-3	-2	-1	0	1	2	3	____
驾驶帆船	-3	-2	-1	0	1	2	3	-3	-2	-1	0	1	2	3	____
_____	-3	-2	-1	0	1	2	3	-3	-2	-1	0	1	2	3	____

活动	丈夫评分	妻子评分	总分
_____	-3 -2 -1 0 1 2 3	-3 -2 -1 0 1 2 3	____
_____	-3 -2 -1 0 1 2 3	-3 -2 -1 0 1 2 3	____
_____	-3 -2 -1 0 1 2 3	-3 -2 -1 0 1 2 3	____
_____	-3 -2 -1 0 1 2 3	-3 -2 -1 0 1 2 3	____
_____	-3 -2 -1 0 1 2 3	-3 -2 -1 0 1 2 3	____
_____	-3 -2 -1 0 1 2 3	-3 -2 -1 0 1 2 3	____

附录 D

经济预算清单

此清单旨在帮助明确伴侣对经济支持的需求。有此需求的一方应填写预算。请在提供的空间中创建 3 个预算清单。

在需求预算栏中注明满足你需求的生活必需品的月度费用。这些是生活必需品，没有它们会让你感到生活不适。收入一栏仅包括你另一半的收入。

在愿望预算栏中注明满足你的需求和愿望的费用。这些愿望是比必需品更昂贵的合理愿望。这些愿望应尽可能现实，不应包括新房、新车或奢侈品，除非你已经渴望这些物品一段时间了。收入一栏应列出你和另一半的收入。

可负担的预算栏应包括需求预算金额以及仅由你和另一半的收入能够支付的愿望预算金额。换句话说，你们的收入应等于这项预算的支出，收入减去支出应为零。如果你和你的另一半对列出的金额达成一致，则应使用这项预算来管理家庭财务。

过去几个月或者过去一年的支付记录将帮助你做出正确的估算。对于非每月支付的项目，如维修、度假和礼物，请使用每月平均值。某些项目既是"需求"又是"愿望"，例如房屋贷款。其他项目，例如度假，则更偏向于"愿望"而非"需求"。我建议你在需求预算中设置一个占总预算 10% 的应急基金。在没有紧急开支的月份，这笔钱应该存起来以备将来之需。大多数家庭由于未能为不可避免的紧急情况提供预算而承受了不必要的财务压力。如果你能想到其他重要开支，请将其列入表格空白处。

如果你的另一半的收入等于或高于需求预算栏中的总开支，那就足以支付你的需求了，并且满足了你对经济支持的需求，实际上可能还涵盖了你的一些愿望。这一点可能并不明显，因为你没有将账单划分为"需求"和"愿望"。当你的收入用于支付另一半的收入未覆盖的愿望时，你的经济支持需求仍然得到了满足。

然而，如果你的另一半收入不足以支付你的需求，你要么必须在不牺牲基本需求的情况下减少家庭开支，要么另一半必须通过涨薪、换工作或转行来增加收入以满足这些需求。

家庭支出与收入	需求预算	愿望预算	可负担的预算
费用项目			
缴税			
个人所得税	_____	_____	_____
房产税	_____	_____	_____
其他税	_____	_____	_____
利息			
房贷利息	_____	_____	_____
信用卡利息	_____	_____	_____
车贷利息	_____	_____	_____
其他利息	_____	_____	_____
保险			
房屋保险	_____	_____	_____
寿险	_____	_____	_____
责任险	_____	_____	_____
汽车保险	_____	_____	_____
医疗保险	_____	_____	_____

其他保险 _____ _____ _____

家庭支出

房屋维修 _____ _____ _____

房屋改装 _____ _____ _____

家庭安保 _____ _____ _____

居家清洁 _____ _____ _____

庭院整理 _____ _____ _____

能源（汽油、电力） _____ _____ _____

座机电话 _____ _____ _____

购买手机 _____ _____ _____

电话套餐 _____ _____ _____

无线网络 _____ _____ _____

垃圾清理 _____ _____ _____

家具采购 _____ _____ _____

家居设备采购 _____ _____ _____

家居维修 _____ _____ _____

汽车

汽车贬值（汽车 1） _____ _____ _____

汽车加油（汽车 1） _____ _____ _____

汽车保养（汽车 1） _____ _____ _____

汽车贬值（汽车 2） _____ _____ _____

汽车加油（汽车 2） _____ _____ _____

汽车保养（汽车 2） _____ _____ _____

其他车辆开支 _____ _____ _____

食物和娱乐

买菜　　　　　　　＿＿＿＿＿＿＿　　＿＿＿＿＿＿＿　　＿＿＿＿＿＿＿

外出用餐　　　　　＿＿＿＿＿＿＿　　＿＿＿＿＿＿＿　　＿＿＿＿＿＿＿

假期　　　　　　　＿＿＿＿＿＿＿　　＿＿＿＿＿＿＿　　＿＿＿＿＿＿＿

外出游玩　　　　　＿＿＿＿＿＿＿　　＿＿＿＿＿＿＿　　＿＿＿＿＿＿＿

摄影　　　　　　　＿＿＿＿＿＿＿　　＿＿＿＿＿＿＿　　＿＿＿＿＿＿＿

杂志报纸　　　　　＿＿＿＿＿＿＿　　＿＿＿＿＿＿＿　　＿＿＿＿＿＿＿

有线电视　　　　　＿＿＿＿＿＿＿　　＿＿＿＿＿＿＿　　＿＿＿＿＿＿＿

其他食物和娱乐开支　＿＿＿＿＿＿＿　　＿＿＿＿＿＿＿　　＿＿＿＿＿＿＿

健康

医疗（超出保险部分）　＿＿＿＿＿＿＿　　＿＿＿＿＿＿＿　　＿＿＿＿＿＿＿

牙医（超出保险部分）　＿＿＿＿＿＿＿　　＿＿＿＿＿＿＿　　＿＿＿＿＿＿＿

处方药　　　　　　＿＿＿＿＿＿＿　　＿＿＿＿＿＿＿　　＿＿＿＿＿＿＿

非处方药　　　　　＿＿＿＿＿＿＿　　＿＿＿＿＿＿＿　　＿＿＿＿＿＿＿

锻炼开支　　　　　＿＿＿＿＿＿＿　　＿＿＿＿＿＿＿　　＿＿＿＿＿＿＿

特殊饮食开支　　　＿＿＿＿＿＿＿　　＿＿＿＿＿＿＿　　＿＿＿＿＿＿＿

其他健康开支　　　＿＿＿＿＿＿＿　　＿＿＿＿＿＿＿　　＿＿＿＿＿＿＿

服饰

采购衣物（丈夫）　＿＿＿＿＿＿＿　　＿＿＿＿＿＿＿　　＿＿＿＿＿＿＿

采购衣物（妻子）　＿＿＿＿＿＿＿　　＿＿＿＿＿＿＿　　＿＿＿＿＿＿＿

采购衣物（孩子）　＿＿＿＿＿＿＿　　＿＿＿＿＿＿＿　　＿＿＿＿＿＿＿

干洗　　　　　　　＿＿＿＿＿＿＿　　＿＿＿＿＿＿＿　　＿＿＿＿＿＿＿

衣物修补　　　　　＿＿＿＿＿＿＿　　＿＿＿＿＿＿＿　　＿＿＿＿＿＿＿

其他服饰相关开支　＿＿＿＿＿＿＿　　＿＿＿＿＿＿＿　　＿＿＿＿＿＿＿

个人

零花钱（丈夫） _____ _____ _____

零花钱（妻子） _____ _____ _____

零花钱（孩子） _____ _____ _____

礼物

慈善捐赠 _____ _____ _____

特殊活动礼物（生日、节日等） _____ _____ _____

宠物

宠物食物 _____ _____ _____

兽医 _____ _____ _____

其他宠物相关开支 _____ _____ _____

储蓄

子女教育储蓄 _____ _____ _____

退休储蓄 _____ _____ _____

其他项目储蓄 _____ _____ _____

其他居家开支

银行服务 _____ _____ _____

法律咨询 _____ _____ _____

财税规划 _____ _____ _____

应急基金（10%） _____ _____ _____

家庭总开支 _____ _____ _____

收入			
工资（丈夫）			
其他收入（丈夫）			
工资（妻子）			
其他收入（妻子）			
投资收入			
利息收入			
家庭总收入			
收入减去支出			

未来，属于终身学习者

我们正在亲历前所未有的变革——互联网改变了信息传递的方式，指数级技术快速发展并颠覆商业世界，人工智能正在侵占越来越多的人类领地。

面对这些变化，我们需要问自己：未来需要什么样的人才？

答案是，成为终身学习者。终身学习意味着永不停歇地追求全面的知识结构、强大的逻辑思考能力和敏锐的感知力。这是一种能够在不断变化中随时重建、更新认知体系的能力。阅读，无疑是帮助我们提高这种能力的最佳途径。

在充满不确定性的时代，答案并不总是简单地出现在书本之中。"读万卷书"不仅要亲自阅读、广泛阅读，也需要我们深入探索好书的内部世界，让知识不再局限于书本之中。

湛庐阅读 App：与最聪明的人共同进化

我们现在推出全新的湛庐阅读 App，它将成为您在书本之外，践行终身学习的场所。

- 不用考虑"读什么"。这里汇集了湛庐所有纸质书、电子书、有声书和各种阅读服务。
- 可以学习"怎么读"。我们提供包括课程、精读班和讲书在内的全方位阅读解决方案。
- 谁来领读？您能最先了解到作者、译者、专家等大咖的前沿洞见，他们是高质量思想的源泉。
- 与谁共读？您将加入优秀的读者和终身学习者的行列，他们对阅读和学习具有持久的热情和源源不断的动力。

在湛庐阅读 App 首页，编辑为您精选了经典书目和优质音视频内容，每天早、中、晚更新，满足您不间断的阅读需求。

【特别专题】【主题书单】【人物特写】等原创专栏，提供专业、深度的解读和选书参考，回应社会议题，是您了解湛庐近千位重要作者思想的独家渠道。

在每本图书的详情页，您将通过深度导读栏目【专家视点】【深度访谈】和【书评】读懂、读透一本好书。

通过这个不设限的学习平台，您在任何时间、任何地点都能获得有价值的思想，并通过阅读实现终身学习。我们邀您共建一个与最聪明的人共同进化的社区，使其成为先进思想交汇的聚集地，这正是我们的使命和价值所在。

CHEERS

湛庐阅读 App 使用指南

读什么
- 纸质书
- 电子书
- 有声书

怎么读
- 课程
- 精读班
- 讲书
- 测一测
- 参考文献
- 图片资料

与谁共读
- 主题书单
- 特别专题
- 人物特写
- 日更专栏
- 编辑推荐

谁来领读
- 专家视点
- 深度访谈
- 书评
- 精彩视频

HERE COMES EVERYBODY

下载湛庐阅读 App
一站获取阅读服务

His Needs, Her Needs: Making Romantic Love Last by Willard F. Harley, Jr.

Copyright © 1986, 1994, 2001, 2011, 2022 by Willard F. Harley, Jr.

Originally published in English under the title His Needs, Her Needs by Revell, a division of Baker Publishing Group, Grand Rapids, Michigan, 49516, U.S.A.

Simplified Chinese edition © 2025 Beijing Cheers Books Ltd.

All rights reserved.

本书中文简体字版经授权在中华人民共和国境内独家出版发行。未经出版者书面许可，不得以任何方式抄袭、复制或节录本书中的任何部分。

版权所有，侵权必究。

图书在版编目（CIP）数据

浪漫有对错 /（美）威拉德·哈利
（Willard F. Harley, Jr.）著；冷爱译 . -- 杭州：浙
江教育出版社，2025.5. -- ISBN 978-7-5722-9673-4
Ⅰ . C913.13-49
中国国家版本馆 CIP 数据核字第 2025K4S433 号

浙江省版权局
著作权合同登记号
图字:11-2025-042号

上架指导：两性 / 沟通

版权所有，侵权必究
本书法律顾问　北京市盈科律师事务所　崔爽律师

浪漫有对错
LANGMAN YOU DUICUO

［美］威拉德·哈利（Willard F. Harley, Jr.） 著
冷　爱 译

责任编辑： 刘姗姗
美术编辑： 钟吉菲
责任校对： 李　剑
责任印务： 陈　沁
封面设计： 2728 Design

出版发行	浙江教育出版社（杭州市环城北路 177 号）		
印　　刷	河北鹏润印刷有限公司		
开　　本	710mm ×965mm　1/16		
印　　张	15.75	字　数	225 千字
版　　次	2025 年 5 月第 1 版	印　次	2025 年 5 月第 1 次印刷
书　　号	ISBN 978-7-5722-9673-4	定　价	89.90 元

如发现印装质量问题，影响阅读，请致电 010-56676359 联系调换。